Sagitário

Max Klim

COLEÇÃO VOCÊ E SEU SIGNO
Sagitário

3ª EDIÇÃO

CIP-Brasil. Catalogação-na-fonte
Sindicato Nacional dos Editores de Livros, RJ.

K72s Klim, Max
3ª ed. Sagitário / Max Klim. – 3ª ed. – Rio de Janeiro: Nova
Era, 2008.
.-- (Você e Seu Signo)

Inclui bibliografia
ISBN 978-85-7701-024-0

1. Horóscopos. 2. Astrologia. I. Título. II. Série.

01-1364
CDD – 133.54
CDU – 133.52

Copyright © 2001 by Carlos Alberto Lemes de Andrade

Ilustrações de miolo e de capa: Thais Linhares

Todos os direitos reservados. Proibida a reprodução,
no todo ou em parte, sem autorização prévia por escrito da editora,
sejam quais forem os meios empregados.

Direitos exclusivos de publicação em língua portuguesa para o Brasil
adquiridos pela EDITORA NOVA ERA um selo da EDITORA BEST SELLER LTDA.
Rua Argentina 171 – Rio de Janeiro, RJ – 20921-380 – Tel.: 2585-2000

Impresso no Brasil

ISBN 978-85-7701-024-0

PEDIDOS PELO REEMBOLSO POSTAL
Caixa Postal 23.052 – Rio de Janeiro, RJ – 20922-970

*Por toda uma saudade,
a Cláudia Beatriz, eterna presença.
E Marco Aurélio e Brunno Sérgio,
razão de vida, sonhos e esperanças...*

Sumário

Prefácio 9

PARTE 1
Introdução 11

Os Astros Governam nossa Vida 13

Capítulo 1 — Os Astros e o Ser Humano 17
   A influência dos astros 19
   A polêmica das previsões 37

Capítulo 2 — A Astrologia sem Mistério 43
   O horóscopo, uma distração 45
   O enigmático zodíaco 47
   Os signos 48
   Termos-chave da astrologia 52
   A natureza e a astrologia 63
   A influência da Lua 66
   Os elementos 68
   Os decanatos 70
   O que significam os planetas 72
   O dia da semana 74
   Os ciclos e eras astrológicos 76
      Era de Touro 78
      Era de Áries 80

Era de Peixes 82
Era de Aquário 85

PARTE 2

Capítulo 3 — Sagitário 91
Abertura 93
Eu vejo... 97
A personalidade sagitariana 100
Conceitos-chave positivos 111
Conceitos-chave negativos 112
Exercícios sagitarianos 114
O homem de Sagitário 115
A mulher de Sagitário 118
O amor e o sexo em Sagitário 121
As combinações de Sagitário no amor 124
A saúde e o sagitariano 130
O trabalho sagitariano 131
Os muitos signos nos decanatos de Sagitário 135

Capítulo 4 — O Temperamento 141
O ascendente revela os seus segredos 143
Como calcular o ascendente 145
Tabela 1 — Horário de Verão 149
Tabela 2 — Correção Horária 150
Tabela 3 — Hora Sideral 151
Tabela 4 — Signo Ascendente 152
As combinações de Sagitário e o ascendente 153
Sagitário com ascendente em: 159

Bibliografia 161
O Autor 165

Prefácio

Este livro nasceu de uma dúvida e muitas certezas. A dúvida a tive ao começar a escrever sobre astrologia há mais de trinta anos, como recurso jornalístico de necessidade editorial momentânea. As certezas vieram com a constatação de que muitas das coisas que aprendi em astrologia se materializaram em realidade que não havia como contestar ou negar.

À medida que o cético pesquisador se aprofundava no seu trabalho, muitas dessas verdades nasciam, reafirmando-me a crença de que não se tratava de mera coincidência a constatação de um enorme volume de dados sobre o temperamento humano, quando analisado sob a ótica da posição astral de alguns corpos celestes.

Não foi uma certeza de fácil absorção a quem se mostrava disposto a demolir mitos e desmanchar toda uma série de "crendices" que a arrogância do intelecto atribuía ao despreparo e à simplória ignorância. Obtive-a em meu próprio modo de ser e me comportar, quando me vi diante de inexplicáveis tendências e arroubos incompatíveis com um comportamento racional.

Nativo de Áries, tive em meu signo as respostas a dúvidas tais, a ponto de me aprofundar ainda mais na busca pela verdade que os astros encerram. E as encontrei em muito do que chamo de *astrologia de características*, o estudo mais sério e determinado daqueles que se interessam por desvendar os mistérios da natureza humana.

Tornar tudo isso acessível é a proposta deste trabalho, resultado de pesquisas e da busca incessante pela comprovação das mais diferentes teorias e conceitos. Fazer deste estudo uma ferramenta de ajuda aos outros foi o passo seguinte, natural e previsível.

PARTE 1

Introdução

Os Astros Governam nossa Vida

As mais recentes pesquisas do telescópio Hubble mostram que existem no Universo mais de 250 milhões de galáxias com bilhões de sóis iguais ao nosso, o que revela a existência de um campo progressivo de força e energia, gerador de campos gravitacionais que interferem em todo o Universo. Se somos matéria, o que vale dizer, energia em determinado estado de vibração, não resta dúvida de que toda essa força existente no Universo há de interferir, de uma forma mais sutil ou mesmo em graus mais intensos, em nossa forma de ser.

Isso explica a astrologia e nos dá um caminho para entender por que seres de diferentes origens apresentam semelhanças em sua maneira de agir e de reagir, como se fossem guiados por uma mesma energia.

Quando dizemos que o nativo do signo de Sagitário apresenta ao longo de sua vida momentos em que desejaria sair mundo afora, sem rumo, sem hora e sem controle, estamos simplesmente afirmando que as pessoas nascidas no planeta Terra, quando ele se encontra em determinado ponto do espaço, recebem o mesmo feixe de influências geradas por esses milhões de galáxias que agem em conjunto na formação da energia que move o universo.

E isso se aplica a todos os signos, de forma quase exata, levando-nos à certeza de que os movimentos do planeta Terra em torno de si mesmo, circundando o Sol e se inserindo na evolução do sistema solar dentro da nossa galáxia, que também está em movimento, influenciam sistemas, planetas, continentes, mares, terra e gente... Não há como negá-lo.

Essa energia transmudada em matéria que forma nosso corpo é passível de influências externas, e nesse aspecto entram os conceitos de astrologia como forma de detecção de temperamento, personalidade e comportamento.

Analisando os signos, chega-se facilmente à conclusão da similitude de elementos entre os nativos de um mesmo período, como se todos os que nascem quando os movimentos de translação, rotação e da caminhada da Terra em direção a outro ponto da Via-Láctea absorvessem os mesmos dons e a mesma capacidade e debilidade.

Por isso, quando se recomenda, por exemplo, a um nativo de um signo um pouco mais de abertura em seus contatos humanos, toca-se em característica comum daquele signo que tem nas suas características a introversão; ou seja, a introversão faz parte de um tipo específico de influência para os que nascem em um dado período — quando um planeta passa por determinada constelação. E isso se repete signo a signo, de uma forma impressionante.

Se há energia ou força cósmica gerando os mesmos elementos de influência, conhecê-los, dirigi-los e controlá-los é mudar nossa própria vida, buscando os pontos ideais que todos pretendemos em nossa existência com o emprego dessa mesma força e energia. E isso é possível...

O autoconhecimento é a ciência de nossos pontos mais fortes e das características mais frágeis de nosso temperamento e de nossa personalidade. Uma ciência que nos faz pessoas mais capazes por lidarmos com coisas que sabemos passíveis de mudança ou atenuação.

Isso vale tanto para a criatividade arietina, a segurança taurina, a indecisão geminiana, o isolacionismo canceriano, o exibicionismo leonino, o detalhismo virgiano, o equilíbrio libriano, o passionalismo escorpiano, o senso crítico sagitariano, as exigências capricornianas, os avanços aquarianos e o misticismo pisciano. Para todos os nativos de um determinado signo, os elementos são os mesmos e se repetem.

Cabe-nos dirigir nossas energias, conhecendo bastante nossos pontos fortes e fracos para saber o que fazer quando eles se manifestam. Isso nos torna pessoas mais perfeitas, embora não se pretenda, por impossível, remover-se traços de temperamento e caráter.

A astrologia é uma das mais perfeitas dessas ferramentas e podemos usá-la em todos os instantes em nosso cotidiano de trabalho, nos relacionamentos, nos projetos, em família, no amor e em tudo o que fazemos.

Não se usa a astrologia como forma mundana de adivinhação barata. Sem ser ciência, o estudo das influências dos astros sobre nosso temperamento é uma proposta de estudo em um campo que o ser humano ainda não conhece inteiramente. Um estudo válido e que pode nos tornar bem melhores do que somos.

Capítulo 1

Os Astros e o Ser Humano

...Ao derramar ao solo a semente, busque fazer com que o seu deus particular zele por ela e a faça brotar. Ore para Astatéia e observe as estrelas que dirão do tempo para sua colheita e o levarão à abundância e à fartura...

Conselho em tabuinha com escrita cuneiforme, do século VI a.C.,
descoberta em Beitsun, na Pérsia, atual Irã, em 1836.

A influência dos astros

A crença na influência dos astros sobre a nossa vida se perde no tempo. Desde que o primeiro homem observou o movimento das marés ou determinou a época mais conveniente para o plantio, associando-o às fases da Lua, muito se falou e se acreditou sobre a influência astral no comportamento do ser humano, na nossa forma de ser e até mesmo na determinação de nosso destino.

Hoje, até o mais descrente dos seres não deixa de reconhecer a importância da astrologia para muitas pessoas. E muitas delas nada fazem sem a consulta diária ao seu horóscopo. Milhões buscam avidamente as análises de mapas astrológicos que, sofisticados, se utilizam dos mais avançados recursos da tecnologia para analisar a influência dos planetas e corpos celestes sobre a vida humana.

Ainda que muitos não acreditem em previsões e mapas, e o façam com razão, pois em sua maioria eles são feitos de forma aleatória e sem a consideração ao fato de que o ser humano não vive só no mundo e que no nosso cotidiano somos parte de grupos, sujeitos à interação social, nos obrigamos a reconhecer que alguma coisa existe em torno do alto nível de acerto das análises astrológicas de temperamento e personalidade.

Por isso, a constatação de que existem análises com índices de acerto de mais de 70% quanto à característica dos analisados confere à astrologia de características um grau de acerto superior a muitas das chamadas "ciências". E, em razão disso, ela vem sendo usada, a cada dia com maior sucesso, nas mais diferentes atividades, para determinar as características de uma pessoa, suas tendências, qualidades e fraquezas.

Já se faz seleção de pessoal por astrologia, com análises que apontam aptidões e potencial, todas comprovadas na prática de grandes e pequenas empresas. Até mesmo na criminologia mais moderna realiza-se a análise do caráter de infratores com a determinação do mapa astral de suas características.

Em muitos países funcionam centros de investimento baseados em astrologia, o que vem confirmar seus estudos para a observação do comportamento do ser humano, suas características mais marcantes, seu potencial e seus pontos fracos e fortes.

Com isso, chegamos a ponto de poder afirmar, com certeza, que a astrologia, se usada como elemento auxiliar de auto-análise, vai permitir a uma pessoa conhecer-se melhor usando um dos mais populares e confiáveis elementos de auto-ajuda de que se tem notícia. E com a vantagem de ser um elemento acessível ao nível de cultura da maioria das pessoas. É lógico, sem a infalibilidade de ciência exata, mas como complemento a outras das chamadas ciências sociais. Um apoio importante para que passemos a nos ver de forma mais correta.

E isso pode ser avaliado pelo fato de que todo nativo de Áries, por exemplo, pode cometer erros pela sua costumeira e universal tendência à precipitação em algumas de suas atitudes. Quando fazemos tal análise, não estamos avançando sobre nenhum dogma da ciência ou da religião.

Na verdade, todo nativo do primeiro dos signos, o arietino, tem uma forte tendência a agir primeiro e pensar depois. A isso se chama precipitação, que, descontrolada, constitui uma forma destrutiva e negativa de comportamento. Uma vez que o arietino conheça dessa tendência e forma de comportamento, nada mais natural que controlá-la, agindo no sentido de utilizar-se de ajuda que pode ser fundamental em sua vida.

E os exemplos não ficam apenas por conta da maneira voluntariosa de ser do nativo de Áries. Todos os outros signos apresentam elementos comuns de deficiências e de qualidades que podemos controlar e moderar ou ampliar, fazendo-nos melhores diante de um mundo que busca a perfeição em todos os seres humanos, a ponto de torná-la compatível com uma era em que a competição alcança níveis exagerados.

Pensando nas 12 casas do zodíaco, e como antecipação da análise individual dos signos, podemos afirmar com segurança, à maneira do que fizemos com o nativo de Áries, que: todo taurino tem um comportamento teimoso e persistente que deve ser canalizado para aquilo que exige permanência; o nativo de Gêmeos mostra a curiosidade e a versatilidade que o fazem notável anfitrião e bem-sucedido profissional dos setores que exigem tais qualidades; o canceriano é maternal e intuitivo, fazendo disso base para atividades que exigem elementos fortes de apego à vida em família; o leonino, um ator em busca do aplauso de seu público, está sempre capacitado à liderança de grupos; o nativo de Virgem é o mais exímio dos profissionais pelo seu apego aos detalhes e sua capacidade analítica, e o libriano, encarnando o equilíbrio do centro do céu zodiacal, é o juiz mais criterioso e o mais judicioso dos julgadores. Assim, vale também para o nativo de Escorpião a afirmativa de que seu caminho se liga à investigação e à atividade criadora que exigem paixão; o sagitariano, sempre em busca da liberdade, melhor se dá em atividades que não tolham sua iniciativa; o capricorniano, sempre prático e tradicionalista, é capaz de enfrentar a mais repetitiva das tarefas sem esmorecer; e o aquariano, sempre visionário e adiante de seu tempo, é capaz de absorver avanços com a maior naturalidade, enquanto o nativo de Peixes se mostra um ser espiritualizado e introvertido, confiável para tudo o que exija moderação.

É claro que uma análise superficial não nos permitiria a exata definição do caráter e da maneira de ser de cada pessoa apenas com afirmativas simples como estas. Há sempre a necessidade de se aprofundar um pouco mais a análise para que descubramos, em cada um de nós, nosso potencial mais ampliado, nossas deficiências mais marcantes e nossas qualidades mais evidentes.

Isso pode ser feito no sentido de nos possibilitar um quadro completo de características que nos indicarão o melhor caminho a seguir em nossas vidas, eliminando inadaptações e inadequações de comportamento, superando frustrações e angústias e fazendo com que, nos conhecendo melhor, encontremos, senão a felicidade, um pouco mais de entendimento sobre alguns dos "mistérios" que cercam nossa forma de ser e agir e que, embora comuns a milhões de pessoas, ninguém até hoje conseguiu explicar com exatidão.

É na astrologia que podemos buscar a explicação de diferenças para personalidades e caminhos sólidos na profissão, nos relacionamentos pessoais e afetivos, na forma de reagir diante do mundo, na maneira com que recebemos a influência de nosso grupo ou que reagimos a essa influência. Tal explicação, quando feita com base técnica correta, nos permite olhar para nós mesmos e saber como levar o desafio que a vida nos oferece com maior tranqüilidade, maior aceitação e maior felicidade.

Conhecer-se pela astrologia é um processo de fácil assimilação e de resultados surpreendentes, como se pode constatar por aqueles que superaram falhas graves em sua maneira de ser apenas conhecendo dessa característica ou tendência, evitando assim bons e grandes problemas.

A partir desta observação, se pode concluir que é possível e nos cabe controlar atributos próprios de nosso signo e superar obstáculos e empecilhos que, de outra forma, só conseguiríamos com muita luta e dificuldade. Os que tentaram comprovam a possibilidade de melhorar o desempenho profissional e pessoal pelo maior conhecimento da própria potencialidade. Uma potencialidade que, em última análise, é influenciada pelos astros.

Mas, a experiência não vem apenas dessa simples constatação. Fatos ocorridos com pessoas cuja vida é de domínio público nos fazem aceitar a validade desse princípio. Os astros realmente marcam para cada uma delas elementos que são características definitivas em suas existências. Nomes e casos famosos ilustram essa conclusão e mostram de forma bem eloqüente que há alguma coisa específica que distingue tais pessoas:

♈ ÁRIES, O VENCEDOR:
O PÓDIO EM PRIMEIRO LUGAR

Sua busca pelo primeiro lugar o levou, de forma inevitável, ao mais competitivo dos esportes. A Fórmula 1 era o caminho natural do paulista Ayrton Senna da Silva, nascido às 02h35 do dia 21 de março de 1960, um arietino. Obcecado pelo primeiro lugar, inovador nas técnicas do automobilismo, pioneiro em muitas de suas iniciativas, ele jamais se contentou em ser segundo de alguém. Voluntarioso, independente, arrogante diante do adversário e generoso com os amigos, Ayrton soube canalizar a ânsia pela vitória e garra típicas de seu signo para uma atividade coerente com seu perfil astrológico. Até seu último momento de vida foi marcado pelo seu próprio signo, Áries. A morte na curva Tamburello, em Imola, na Itália, se deu exatamente por um acidente com o ponto fraco do organismo e da fisiologia do nativo de Áries, a cabeça.

♉ TOURO, COM OS PÉS NO CHÃO: UM TEIMOSO GENERAL

Aquela figura de guerreiro impressionava até mesmo o mais descrente dos inimigos. Adoentado, ele insistia em ir ao campo, na manhã fria de um final de abril de 1866. Não sem antes ser duramente criticado por seus próprios colegas generais em guerra no Rio da Prata. Era ele Manoel Luís Osório, um taurino nascido no Rio Grande do Sul, em 10 de maio, e considerado um dos maiores nomes na história das Américas em todos os tempos. Sua valentia, sua determinação e, mais que tudo, a persistência da busca de seus objetivos pessoais na vida militar e nas atividades civis eram marcas pessoais. Em campos de guerra, foi avaliado como um ser humano "teimoso como um boi empacado", pelo argentino Venâncio Flores, que o apontou como o maior general do hemisfério sul em todos os tempos. Em batalha, é ferido na região occipital (parte ínfero-posterior da cabeça), área de seu corpo governada por seu signo.

II GÊMEOS, A DUALIDADE: O PRESIDENTE E A CONTROVÉRSIA

Um homem feito para as grandes conquistas, um anfitrião que encantava a todos os que recebia, um curioso observador da vida e da gente, perspicaz e de gênio franco que dele fazia um político de reações súbitas e espontâneas. Assim era John Fitzgerald Kennedy, um geminiano nascido em 29 de maio, em uma família de origem irlandesa e católica, contradições geminianas na sociedade predominantemente puritana dos Estados Unidos. Kennedy se destacou como político pela sua imensa capacidade de vislumbrar todos os ângulos de uma questão. Com as virtudes de seu signo, por elas se perderia. Foi indeciso na tomada de decisões importantes na vida americana, titubeando quando do início da escalada da guerra no Vietnã e na questão da Baía dos Porcos, contra Cuba. Sua personalidade brilhante e presa ao *grand-monde* da Camelot dos sonhos americanos conquistou o mundo, e sua morte, na Helm Street, em Dallas, no dia 22 de novembro de 1963, transformou-se em uma das maiores polêmicas do século XX com as mais diferentes versões sobre um fato histórico para o mundo moderno. E aí cumpriu-se a sina dos nativos de seu signo: a polêmica até com a morte.

♋ CÂNCER, O NACIONALISTA: "ATÉ TU, BRUTUS?..."

Uma das maiores figuras da história, o imperador romano Caio Júlio César, nasceu no dia 12 de julho e sua vida e seus atos revelam bem as características do signo de Câncer. Nacionalista que conseguiu unificar e ampliar os domínios de Roma, o seu lar, sua casa, sua terra, foi responsável por grandes reformas na vida da maior civilização de seu tempo. Humanitário, maternal em seus sentimentos, era intuitivo e escreveu a história de sua época, com rara inventividade nas técnicas de guerra e na estratégia da conquista. O gênio militar, autor de momentos gravados para a posteridade, ao romper o *status* de um Império com o seu *alea jacta est* no Rubicão, na caminhada rumo ao poder com a volta a Roma, mostrou determinação para enfrentar o Senado todo-poderoso. O canceriano cumpria a sua sina. Extremamente apegado à família, era acusado pelos seus críticos de excessivo egoísmo. A conspiração para matá-lo, envolvendo seu filho adotivo Brutus, se materializou nas escadarias do Senado e o brutal ataque que o feriu seguidas vezes no peito e no estômago fez cumprir, no físico e nas circunstâncias da morte pelas mãos do próprio filho, a sina do canceriano.

♌ LEÃO, O CONQUISTADOR: DE POBRE A IMPERADOR

De origem duvidosa e humilde na Córsega, aquele militar que se alistou menino no Exército francês poucas chances tinha de galgar os degraus da fama e da glória. Mas Napoleão Bonaparte, o gênio que marcaria a história do mundo pela sua incontestável liderança, foi capaz de mudar seu destino e fazer com que da linha de frente na guerra contra o Egito chegasse ao Palácio de Versalhes, numa típica ação leonina. Nascido em 15 de agosto, de família pobre, com descendência incerta, sem nome e sem proteção, em uma ilha que não se considerava parte da França, a Córsega, era um ser fadado a liderar. Sua pequena estatura não evitava sua excessiva vaidade. Foi um gênio na arte de fascinar e comandar pessoas. Arrogante, criativo, romântico, chegou à crueldade e ao instinto ditatorial em determinados momentos de sua vida. Adorado pelos franceses, foi um ator de seu tempo à frente do palco do mundo à espera do aplauso. Morreu em 1821 de causa ainda não explicada, mas, que se suspeita, provocada por um veneno que procurava simular um ataque cardíaco. Foi, até na morte, um típico líder, nativo de Leão.

♍ VIRGEM, O DETALHISMO: A DAMA E O SEU MISTÉRIO

De sua pena surgiram os mais intrincados mistérios da novela policial em todos os tempos. Arguta observadora do caráter humano, capaz de identificar em minúcias aquele pequeno detalhe que aos outros passaria despercebido, Agatha Christie foi a típica virgiana, a mulher que simboliza o signo do relojoeiro, o profissional das peças pequenas, do cuidado, do estudo minucioso, perfeccionista acima de tudo. Considerada nos meios literários europeus uma operária das letras, era uma figura que os seus mais íntimos classificavam de extremamente exigente, misteriosa e de difícil contentamento. Agatha Christie encarnou por toda a sua vida, e como ninguém, o típico nativo de Virgem. Nascida em 15 de setembro, ela soube dar ao gênero que escolheu para suas criações literárias a persistência de tramas sempre detalhistas e intrincadas. Conquistou o mundo com suas surpreendentes histórias de mistério e suspense, fazendo do detetive Hercule Poirot, na verdade ela própria, o mais hábil dos investigadores, capaz, com sua habilidade, de desvendar segredos a partir das pequenas pistas, do detalhe quase despercebido, da pequena discrepância, num típico comportamento do nativo de Virgem.

♎ LIBRA, O EQUILÍBRIO:
A CONQUISTA PELA NÃO-VIOLÊNCIA

Seu nome tornou-se símbolo do equilíbrio entre a ação violenta e o pacifismo. Mahatma, ou "a grande alma", nome que seus contemporâneos lhe deram por seu prestígio e por sua importância histórica no mundo moderno, o indiano Mohandas Karamchand ficou conhecido por Mahatma Gandhi depois de lutar pela independência da Índia, enfrentando aquela que era então a maior potência colonial do mundo, a Inglaterra, apenas com seus irresistíveis apelos à política da não-violência. Todos os seus biógrafos são unânimes em reconhecer nesse advogado de formação européia, nascido em Libra, no dia 2 de outubro, de fala mansa e que insistia em destacar-se de seus pares pelas roupas simples e conduta controlada, a figura refinada de intelectual que esgrimia a palavra e as armas da política como ninguém. E ele acabou por se tornar símbolo de uma era. Preso oito vezes na sua luta contra o domínio britânico, nunca deixou de lado a diplomacia ao tratar com os dominadores de sua pátria. Era sociável até com os próprios inimigos e foi vítima de seus compatriotas nacionalistas. A sua morte, quando buscava a conciliação, revela um sentido bem próprio de Libra, o signo do diálogo e do entendimento nas mais difíceis situações.

♏ ESCORPIÃO, A DETERMINAÇÃO: O PASSIONAL REFORMISTA

Sua figura emerge da história com uma força inimaginável em nossos dias. Um simples monge se decepciona com a estrutura da Igreja Universal, dominante e todo-poderoso, se volta contra Roma e desafia o poder político secular e até mesmo os dogmas espirituais do catolicismo, colocando abaixo toda uma estrutura organizada em 1.500 anos de domínio quase inatacado em todo o mundo ocidental. O monge agostiniano Martinho Lutero é o típico nativo de Escorpião. Nascido no dia 10 de novembro, ele se prendeu à curiosidade investigativa natural de seu signo. E, nisso, foi além do admitido pelos dogmas religiosos da época ao combater indulgências que classificou de desvios na religião. E deu início a sua caminhada de reformador religioso. Passional, levou a extremos a sua campanha e, mais tarde, a sua própria vingança contra uma estrutura religiosa que o considerou herege e que, pela excomunhão, o afastou. Com ele, começou a reforma que deu origem ao protestantismo, fazendo dessa busca pela mudança a prática de outra das características do seu signo. Era uma figura realizadora que chegou quase à intolerância, impulsionado pela perseguição do poder católico da época.

♐ SAGITÁRIO, A LIBERDADE: A MÃE DOS BRASILEIROS

De origem aristocrática, irmã de altos oficiais do Exército imperial, seu senso humanitário e ânsia por agir com total liberdade a levaram a uma das mais sangrentas das guerras do século passado, a Guerra da Tríplice Aliança, no Paraguai. Quando as mulheres se educavam e viviam apenas para o lar e o marido, Ana Justina Ferreira Néri, uma sagitariana nascida no dia 13 de dezembro, foi ao campo de batalha onde revelou os dotes que a fizeram uma das maiores personagens da vida sul-americana em todos os tempos. Generosa, mesclando a prática da religião com o assistencialismo desinteressado, ela se destacou de suas contemporâneas com a sua presença num teatro de guerra, onde a mulher era elemento estranho. Sua impaciência e o amor à natureza fizeram com que Ana Néri chegasse às mais avançadas trincheiras na linha de frente das batalhas em que, indiferentemente, prestava socorro aos soldados feridos e até a animais abatidos pela insânia da guerra. Presença constante, sempre atendendo todos que a cercavam com palavras de otimismo e confiança. Sua franqueza contra a política de guerra nem sempre agradou aos poderosos da época, mas, por isso mesmo, sua figura cresceu com atos de justiça e piedade, numa referência direta a dons tipicamente sagitarianos.

♑ CAPRICÓRNIO, O TRABALHO: A MARQUESA DO LIBERALISMO

Seu papel na vida de um povo, ainda não devidamente valorizado na formação da política sul-americana, antecipou em um século e meio a presença da mulher na história. Por todas as suas ações, Domitila de Castro Canto e Melo, a marquesa de Santos, amante do imperador Pedro I, teve um papel fundamental no ânimo do jovem português que tornou independente o maior país do hemisfério. Perfeccionista, trabalhadora, prática na medida oposta à vida fútil e à ociosidade da corte brasileira, a marquesa, uma capricorniana do dia 27 de dezembro, tinha uma postura liberal e contribuiu para moderar a decantada impulsividade do jovem príncipe que se tornaria rei em dois mundos. Seu rigor e suas exigências, em um romance que venceu o tempo, controlou, sob o manto de uma discrição impensável para a então acanhada e pequena cidade que sediava a Corte, a mais importante figura da época no Rio de Janeiro. E seu romance mudou os rumos da política latino-americana no início do século. Dominadora e exigente ao extremo, era uma personalidade que impunha respeito aos nobres que freqüentavam a Quinta da Boa Vista, no tumultuado governo de Pedro I. Morreu aos setenta anos, com artrite e problemas reumáticos, outra das características capricornianas.

♒ AQUÁRIO, A REBELDIA: ESCÂNDALO NO PRIMEIRO MUNDO

Como todo nativo de Aquário, a jovem artista portuguesa que fez do Brasil a sua pátria e levou o ritmo brasileiro ao cinema em Hollywood, e daí a todo o mundo, era a típica figura da mulher adiante de seu tempo. Independente e individualista, Maria do Carmo Miranda da Cunha, ou simplesmente Carmem Miranda, nasceu no dia 9 de fevereiro. Sua agitada e curta trajetória de vida mostra bem as características de Aquário, seu signo. Temperamental e radical, chegou a extremos ao se apresentar em *shows* numa sempre inovadora *mise-en-scène* que chamava a atenção. Seus conceitos avançados a fizeram em uma dessas ocasiões, para escândalo e afronta à puritana sociedade norte-americana, se apresentar em público sem calcinha, num gesto que ganhou as colunas de mexericos e a colocou em confronto com os grandes da Meca do cinema. Incompreendida por seus contemporâneos, Carmem Miranda foi a menina rebelde de uma tradicional família lusitana que emigrou para o Brasil quando ela ainda era jovem. Aqui deitou raízes e se dedicou às artes, em outra das suas características aquarianas. Tinha problemas circulatórios que a levaram à morte, outra típica referência à influência de Aquário sobre nosso corpo.

♓ PEIXES, A INTUIÇÃO: O PAPA DA MELANCOLIA

Sua figura expressa, na história do século passado, um dos ícones mais importantes da vida religiosa e da política internacional em todo o mundo. Eugênio Maria Giuseppe Pacelli, o papa Pio XII, foi o mais expressivo exemplo da figura do nativo de Peixes a ocupar o trono de Pedro, em quase dois milênios do catolicismo romano. Enigmático, introspectivo, místico, sua figura sempre foi cercada de uma aura de santidade que o tempo só fez por ampliar. E, além disso, tinha uma personalidade influenciável, demonstrada em suas atitudes nem sempre claras em tempo de guerra na Europa. De vida moderada quando ocupou a chefia da Igreja, não expressou por atos e gestos a sua nobre origem em uma das mais tradicionais famílias romanas. Simpático e emotivo, deixou marcas em muitas viagens quando ainda cardeal, época em que revelava um caráter sensível que lhe permitiu muitas vezes condoer-se diante da miséria e da pobreza. Foi acusado pelos seus críticos de tímido diante dos avanços do nazismo na Europa e do fascismo na Itália. Mostrou durante seu papado uma forte tendência à valorização do misticismo e sob ele a Igreja tornou públicas suas maiores preocupações com o psiquismo coletivo. Nascido no dia 2 de março, Pio XII encarnou o signo da própria religião que chefiou, Peixes.

Por todos estes 12 exemplos de figuras que ocuparam páginas de livros e jornais, nos mais diferentes períodos da história do mundo, pode-se garantir que há traços bem típicos a diferenciar as pessoas pelo signo em que nasceram.

Apesar disso, a simples determinação do signo solar, com referência ao nascimento de uma pessoa, não mostra todos os elementos que fazem a personalidade de um ser humano. Estes foram exemplos de figuras que encarnaram de forma notável as principais dessas características da influência do Sol em nossas vidas.

Mas o ser humano não é apenas o que diz seu signo solar, aquele que nos fala da individualidade do ser na sua formação. Dois outros elementos — o **signo ascendente** e o **signo lunar** — compõem de forma muito intensa a maneira de se mostrar, comportar e agir. O signo ascendente é determinado pelo planeta que sobe no horizonte na hora do nascimento de uma pessoa. Este "signo" nos diz do temperamento do ser, sua forma de absorver o que mundo lhe impõe e é calculado com base na análise, o mais exata possível, da hora e local de nascimento da pessoa (ver Capítulo 4).

O signo lunar, por sua vez, é determinado pela regência da Lua sobre uma casa específica na hora do nascimento. A Lua, em seu movimento em torno do nosso planeta, governa horas diferentes do dia e se posiciona diversamente nas 12 casas que representam os signos do zodíaco, daí a sua influência em casas que nem sempre coincidem com o signo solar ou o ascendente. O signo lunar governa a personalidade do indivíduo, a sua maneira de reagir diante do mundo. Sua identificação é feita por tabelas específicas que mostram astronomicamente o movimento da Lua no correr do dia do nascimento.

A polêmica das previsões

Os mais ácidos críticos da astrologia sempre reservam "exemplos" de previsões e análises feitas pelos mais diferentes "astrólogos" e que não deram certo, para atacar o estudo das influências astrais sobre nossa vida. É verdade que, todo ano, milhares de "iluminados" vão à televisão, aos jornais e revistas prever acontecimentos e desfiam um sem-número de indicações genéricas que, por vezes, coincidem com a realidade e, por outras, dela passam longe.

É a adivinhação que faz a alegria dos editores e atende à necessidade crescente do ser humano de esperar por "alguma coisa" que lhe mude a vida e o próprio amanhã.

A maioria dessas previsões são feitas com base em uma fórmula simples e colocadas, quase sempre, em torno de generalidades do tipo "os meios artísticos vão ser abalados no segundo semestre pela morte de uma figura notável que mudou os rumos do setor" ou, ainda, "a morte de uma figura de expressão pública vai chocar as pessoas e deixar um vazio na cena política". São previsões "certas", pois sempre há alguém morrendo que se enquadra nesse tipo de brincadeira.

Ao contrário disso, é evidente a constatação, pela astrologia, quando levada a sério, de que há coincidências na análise da personalidade de diversas pessoas que são do mesmo signo. Isso mostra que alguma coisa torna os indivíduos nascidos em determinado período sujeitos a uma força comum, que lhes dá algumas características semelhantes, passíveis de análise e medida.

Para corroborar esta afirmação, há um velho ditado chinês que nos diz que, "se o cavalo vence uma vez, a sorte é do cavalo; se ganha por duas vezes, há uma coincidência, mas, se vitorioso por três vezes, que se aposte no cavalo". A astrologia de características já provou que as coincidências não ficam apenas em três dos elementos do caráter e do comportamento de uma pessoa...

Na verdade, não se pode confiar em previsões como aquelas feitas genericamente e para divertir leitores na passagem do ano. Por não levar em conta a interação do ser humano com o seu semelhante, elas falham. Por isso, não há qualquer base de seriedade nessas previsões, pois os seres são influenciáveis pelo seu meio de vida e não existem isolados e sós no mundo.

As análises astrológicas de características, porém, são diferentes dessas "brincadeiras". Características em comum existem e delas se demonstra o bastante para que possamos usá-las a nosso favor, dominando nosso caráter e nossa maneira de reagir, entendendo por que somos e o que somos e fazendo por onde canalizar nosso potencial em proveito próprio.

Isso fica bem claro quando consideramos que, mesmo o mais exato dos mapas astrais, jamais será capaz de prever exatamente todos os acontecimentos de nossa existência, como pretendem os adivinhos da astrologia. Quando elaboramos um mapa, não o fazemos em relação a nossas esposas ou maridos, nossos filhos ou pais, nossos colegas ou patrões, nossos vizinhos e conhecidos que, por suas ações, podem interferir no nosso dia.

Não há como prever, por exemplo, que teremos um dia favorável para determinado signo se essa análise não for feita também para aqueles que podem mudar o ânimo e as reações do nativo desse signo. Como exemplo, podemos lembrar o patrão que, num acesso de mau humor, pode despedir um funcionário apenas por seu estado de ânimo pessoal, fazendo daquele dia favorável nas previsões do horóscopo um inferno para seu subordinado. Se a previsão foi feita de forma otimista em termos genéricos, o ato negativo do patrão a colocou abaixo.

De nada adiantam as posições planetárias quando vistas apenas no ângulo de uma única pessoa, a não ser que ela vivesse em uma verdadeira "bolha" de tempo e espaço, completamente isolada do mundo exterior, em um ponto onde nem mesmo os fatores climáticos comporiam elementos externos a influenciá-la.

Assim, não é possível fazer previsão genérica para todos os nativos de um mesmo signo, a não ser numa forma de divulgação da astrologia como entretenimento e uma forma de conselho para comportamento.

Mesmo assim, desde a mais remota Antigüidade, o ser humano relata influências dos astros sobre a sua vida. Todas as civilizações fizeram um registro desse tipo de influência, e isso nos vem desde as primeiras formas escritas. No antigo Egito, nas histórias de faraós e nobres, gravaram-se em hieróglifos, em tumbas funerárias, a crença nos astros.

Da mesma forma, nas tabuinhas de argila na Mesopotâmia, há o relato de experiências e costumes dos povos que usavam os astros como forma de determinação dos atos de nobres e governantes. Daí a referência de abertura neste capítulo à tabuinha de Beitsun, no atual Irã, onde já se registrava a invocação das estrelas para que a deusa Astatéia protegesse a colheita.

É cientificamente certa a influência lunar sobre as marés, a menstruação e o ciclo de crescimento das plantas. Da mesma forma, sabe-se da influência das explosões solares sobre o sistema nervoso do ser humano. E, hoje, se discute em psiquiatria, validamente, a influência do movimento da Terra sobre os surtos psicóticos.

Mas o que dizer de outras influências? Vênus seria mesmo o planeta do amor, na lembrança da mitologia e das crenças de gregos e romanos? Marte nos diz da guerra como o queriam os antigos? Qualquer que seja a resposta, ela vai se referir apenas a uns poucos planetas que compõem nosso Sistema Solar e o seu movimento em torno da Terra.

Marcada em símbolos os quais chamamos planetas, trânsitos, aspectos e posições, a astrologia reflete uma certeza: há uma influência universal sobre os seres vivos e ela segue um padrão de tempo e espaço que nossas convenções denominaram planetas e os inseriram num círculo de 12 períodos no que hoje conhecemos como "zodíaco". Por meio dessa influência, nos é possível desenvolver um processo de autoconhecimento e avaliação da nossa forma de ser, para melhor enfrentarmos a vida e os desafios que ela nos oferece.

Capítulo 2

A Astrologia sem Mistério

A astrologia ocidental — pois a astrologia existe também no Oriente com outros nomes, denominações e conceitos — adotou da astronomia comum a maior parte dos termos que emprega. Os mais usuais, e que ouvimos com maior freqüência entre os leigos e estudiosos, são expressões que podem ser facilmente explicadas sem as dificuldades habitualmente encontradas por aqueles que buscam a interpretação de mapas em análises mais profundas.

A terminologia usada por grande parte de astrólogos, horoscopistas e analistas quase sempre se fecha em conceitos que tornam impossível às pessoas comuns conhecer aquilo de que se fala. Mas, na verdade, a astrologia é um estudo bem simples e está ao alcance da maioria das pessoas.

Para essa interpretação mais singela e direta dos conceitos da astrologia, entre expressões e termos específicos, selecionamos aqueles que dão uma visão mais abrangente desse estudo tão fascinante quanto útil.

O horóscopo, uma distração

Há milhares de pessoas que não saem de casa sem abrir o jornal na página da previsão astrológica e ali consultar o seu horóscopo, num costume que se difundiu mundo afora e hoje é hábito para boa parte da população. Mas se o horóscopo ganhou importância, isso também levou a alguns exageros, como o que é cometido pelas pessoas que passam a dirigir suas vidas apenas pela leitura ou interpretação do horóscopo diário.

Isso pode ser medido pelo volume da correspondência encaminhada aos horoscopistas dos jornais e emissoras de rádio, verdadeiramente impressionante tanto por seu número quanto pelo grau de confiança que as pessoas manifestam por esses profissionais em suas cartas. Pesquisa de opinião pública realizada por um grande jornal brasileiro apontou o horóscopo diário como a terceira coluna mais lida em suas edições, o que representa uma responsabilidade muito grande para os profissionais que, elaborando horóscopo, praticamente jogam com a vida de pessoas.

O que mais impressiona, no entanto, não é esse alto interesse e o volume da correspondência. Na realidade, chama atenção o nível intelectual e social dos autores dessas cartas que mostram, na sua maioria, pertencer às camadas mais altas da população. São profissionais liberais, pessoas de cultura acima da média, todas interessadas em buscar orientação e explicações para o seu cotidiano, suas inquietações e um pouco mais de esperança para o seu próprio futuro.

O horóscopo é, numa conceituação mais objetiva, segundo definição do pesquisador norte-americano

Dal Lee, "a carta de observação da hora", e serve de indicador da hora do nascimento de uma pessoa e sua posição dentro de um determinado quadro de visão estelar indicado pela posição dos planetas no zodíaco. Hoje, o horóscopo se confunde com a própria astrologia, tal foi a sua difusão no mundo ocidental.

Diariamente, são publicados milhares de previsões que, na verdade, significam apenas entretenimento, sem maior responsabilidade com a exatidão de seus conselhos e conclusões. Linda Goodman, no livro *Seu futuro astrológico*, diz que o horóscopo é "uma fotografia da posição exata de todos os planetas no céu na hora de seu nascimento, formada por cálculos precisos e matemáticos", definição também sustentada por Frances Sakoian e Louis S. Acker, em *O manual do astrólogo*.

Em resumo, pode-se dizer que horóscopo é a carta de características ou previsões baseada na hora e data de nascimento de uma pessoa.

O enigmático zodíaco

Originária dos estudos dos povos da Mesopotâmia que há cinco mil anos já conheciam as suas bases, ainda que de forma incipiente, a astrologia ganhou importância entre os caldeus, assírios e sumérios, povos que deram ao estudo dos astros e à sua influência um caráter mágico e bases que o tornavam uma verdadeira "ciência", à época.

Vem daí a concepção moderna de zodíaco, nome dado pelos gregos ao círculo planetário que determinava os períodos e eras nos quais se baseavam os estudos dos povos mais antigos. Na época, os gregos chamaram "roda dos animais" ou "zodíaco" essa figura que retrata as 12 constelações pelas quais o Sol passa em seu movimento anual pela Via-Láctea.

Essa noção do zodíaco nos mostra um círculo com 12 divisões ou casas, estabelecidas ao longo da eclíptica, que é como se denomina esse movimento solar. Cada uma das 12 divisões se constitui num signo, ou seja, um período que compreende trinta graus do círculo e se aproxima do mês no calendário comum.

A primeira divisão inicia-se habitualmente em 21 de março, o primeiro dia do ano astrológico. Os signos do zodíaco seguem ordem crescente a partir de Áries até Peixes. Essa divisão serve para todos os estudos astrológicos mais aprofundados, situando o nascimento de uma pessoa num determinado espaço de tempo e vinculando-o ao movimento do Sol.

Os signos

Divisões do zodíaco, os signos receberam nomes de constelações conhecidas na Antigüidade e foram agrupados em períodos de 30 graus em média, cada grau representando um dia. Com nomes usados à época, os signos acabaram por receber no Ocidente os nomes gregos ou seus correspondentes em Roma.

Eram denominações comuns a constelações conhecidas desde a Antigüidade: Áries, Touro, Gêmeos, Câncer, Leão, Virgem, Libra ou Balança, Escorpião, Sagitário, Capricórnio, Aquário e Peixes.

Agrupados por elementos — os quatro fundamentais na vida: fogo, terra, ar e água —, os signos foram divididos em três grupos para cada um desses elementos que representam as formas de energia que constituem a base da vida na Terra.

São do elemento fogo: Áries, Leão e Sagitário. Do elemento terra, Touro, Virgem; e Capricórnio; do ar, Gêmeos, Libra e Aquário, e da água, Câncer, Escorpião e Peixes. Essa vinculação dos signos aos quatro elementos é de fundamental importância para a análise das características individuais das pessoas.

Os signos são também classificados por sua vibração nos elementos: ígnea, terrestre, aérea e aquosa. Assim, passam a governar o comportamento humano mantendo uma vinculação estreita com as características desses elementos.

Dessa forma, pode-se dizer em relação a cada um dos grupos de signos: os de fogo nos falam dos conceitos de "construção do mundo", pois criar e construir são as bases de Áries, Leão e Sagitário. O nosso "destino como espécie" se refere aos signos da terra — Touro, Virgem e Capricórnio. O "temperamento" do ser humano é vinculado diretamente aos signos do ar — Gêmeos, Libra e Aquário. Os três que compõem o grupo de signos da água: Câncer, Escorpião e Peixes dizem de nosso "caráter".

Por sua ligação com os elementos vitais de todos os seres, a astrologia nos revela que a posição dos astros e sua influência na natureza moldam ou governam, de forma quase determinante, as características dos seres humanos. Na verdade, muito do que somos devemos ao elemento que agrupa nosso signo, e isso é bem fácil de constatar:

Signos do fogo — Representam na vida terrena a luz, o brilho, o calor e a secura, além de dispersão, fervor, dominação, audácia, agressividade, mobilidade e tudo o que se refere ao fogo como base da vida humana.

Vinculados à história da própria espécie humana, esses signos falam da criação, buscando paralelo entre a origem na bola de fogo que era a Terra em sua origem. Por isso, se diz que Áries é um signo criador, explosivo e temperamental. Que Leão é exibicionista, realizador, quente e explosivo, e que Sagitário é libertário, natural, pouco comedido e brilhante.

Signos da terra — Resultado do esfriamento da crosta do planeta, o elemento terra nos mostra o que é concreto, palpável, petrificado. Lembra a rigidez, a constância, a laboriosidade, a prudência, a dúvida, a fecundidade, a secura e a absorção, todos conceitos ligados às características de nosso próprio planeta, um corpo estelar que se solidifica com o esfriamento e a constância de seu movimento pelo espaço.

Daí a conceituação de que os nativos dos três signos deste elemento são os mais realistas dos seres humanos. Touro é lento, comedido, parcimonioso, constante e teimoso. Virgem é detalhista, sensível, sóbrio, escrupuloso e racional, e Capricórnio nos mostra persistência, determinação, aceitação e severidade.

Signos do ar — Fluido e etéreo, o ar nos passa sempre a impressão de elemento úmido, instável e pouco palpável, representando os aspectos mentais e intelectuais do ser humano, suas idéias, pensamentos e conceitos. Por isso, o ar, terceiro dos elementos da natureza, nos leva à euforia, ao equilíbrio, ao humor, à instabilidade, à sutileza e à adaptação.

Os atributos humanos relacionados aos sentimentos vinculam-se a essas características. Mutável por ser elemento gasoso, o ar transmite aos signos o caráter etéreo e sonhador. Assim, se diz que Gêmeos é inquieto, curioso, dúbio, agitado e mutável; que Libra é equilibrado, harmônico, conciliador e pacífico e que Aquário é sensível, inventivo, fantasista e idealista.

Signos da água — Suave, receptiva, moldável e aderente, a água, quarto dos elementos que formam a natureza terrestre, dá aos signos que agrupa os elementos próprios de sua constituição. Vital para a sobrevivência dos seres vivos, está ligada aos sonhos, fantasias, desejos, emoções, família, origens e à criação quando vista pelo ângulo sexual.

Isso explica por que Câncer lembra fecundidade, memória, inteligência sensorial e imaginação. Escorpião é a representação dos instintos, sexo, indisciplina e violência, e Peixes nos mostra o lado místico, mediúnico, a bondade e a compaixão nos seres humanos.

Termos-chave da astrologia

A astrologia emprega algumas expressões que fazem parte do nosso vocabulário cotidiano, porém, conferindo-lhes um sentido diferente. Isso caracteriza a astrologia como estudo autônomo e torna importante o seu conhecimento para que possamos definir melhor as nossas próprias concepções sobre essa área:

Arietino — Diz do nativo de Áries. Popularmente, é empregada a denominação "ariano" para o nativo do signo, termo que, no entanto, designa a pessoa da raça ariana e não aquela que nasce entre 21 de março e 20 de abril.

Arquétipo — O conceito de arquétipo foi introduzido na astrologia pelo psicanalista Carl Gustav Jung. Para essa figura fundamental na psicanálise, "os planetas são arquétipos para a raça humana e todos nós reagimos a eles de modo semelhante, embora diferente no que diz respeito a detalhes". Diz a história que Jung só analisava seus pacientes após fazer o mapa astral de cada um deles.

Ascendente — Ascendente é a característica do signo determinada pelo planeta que, no momento do nascimento de um indivíduo, ascende ao céu na linha do horizonte. Para encontrá-lo, é essencial conhecer com exatidão a hora do nascimento, com diferença máxima de alguns minutos. O mapa astral de uma pessoa é determinado por três quadros diferentes: a *individualidade*, fixada pelo Sol no dia do nascimento; a *personalidade*, governada pela Lua na data em que a pessoa vem à vida; e o *temperamento*, que é determinado pelo signo ascendente. O ascendente é o fator pelo qual a pessoa revela o seu "ego".

Aspectos — Os aspectos são as posições de planetas nas casas de um mapa astral e, por isso, fundamentais na análise astrológica das características de uma pessoa. Eles são denominados de acordo com a figura geométrica que formam no mapa, uns em relação aos outros. O mapa tem a forma circular e é dividido em 360 graus, que representam os doze signos e as doze casas do zodíaco. Quando encontramos um planeta ou corpo celeste em um determinado lugar, analisamos sua posição em relação aos demais corpos celestes e a influência que essa posição exerce sobre um signo. A isso se chama aspecto. Os mais comuns são: **Conjunção**, quando dois ou mais astros estão no mesmo grau, sem diferença de um para o outro, praticamente juntos, daí a expressão conjunção, que simboliza a ênfase em determinada influência. **Sêxtil**, quando existe entre um astro e outro uma distância de 60 graus. Este aspecto ocorre com dois astros e simboliza uma oportunidade para o signo analisado.

Quadratura é a posição de astros formando um quadrado no mapa, com linhas em ângulos de 90 graus de distância entre um e outro. Simboliza um desafio para o nativo. **Trígono** é a formação de três planetas ou o Sol e a Lua formando um triângulo no mapa, com posições de 120 graus entre um e outro. Simboliza um fluxo de determinada força para aquele signo ou pessoa. **Oposição** é quando dois astros se colocam a 180 graus um do outro, simbolizando a percepção de determinadas forças que esses corpos governam. Existem outros aspectos que não têm tanta significação. Todos podem ser positivos ou negativos, embora alguns tenham carga maior em um ou outro sentido, dependendo do mapa geral.

Balança — Nome por vezes dado ao signo de Libra e que nos lembra o símbolo deste signo, que se aproxima de uma balança, representando o meio do céu, o equilíbrio, a contar do primeiro signo, Áries. Denomina uma das primeiras constelações identificadas pelo ser humano.

Câncer — É o quarto signo, também conhecido por Caranguejo, que traz a simbologia e a denominação da constelação que tem este nome.

Capricórnio — O décimo signo tem sua denominação ligada à constelação da Cabra ou de Capricórnio, situada no alto do céu.

Características — Representam, em astrologia, traços ou inclinações pessoais de cada um de nós. Não pode ser confundida com caráter, que diz de moral e de formação, sugerindo uma interação da pessoa com o seu mundo. As características podem ser determinadas pela análise astrológica. Mas elas se revelam moldadas pelo caráter, o que nos faz diferentes. Uma pessoa pode ter características iguais a outra e ambas agirem de forma distinta quando postas diante de impulsos diferenciados.

Casa — É cada uma das divisões do zodíaco, embora tenha acepções diferentes na análise astrológica. Para este estudo, nos vale a concepção de que o zodíaco é dividido em 12 grandes casas representando os signos que, por sua vez, se dividem em 30 graus, correspondendo aos dias.

Constelações — É o nome dado a um grupo de estrelas e tem quase o mesmo sentido tanto na astrologia quanto na astronomia. Usamos na astrologia a denominação de constelações para os agrupamentos de estrelas que foram observados pelos caldeus e sistematizados pelos gregos, especialmente por Hiparco, o descobridor do fenômeno denominado *precessão*. Hoje, a denominação "constelação" para a astrologia não tem a mesma significação que para a astronomia. Na astrologia ocidental, aceitamos a tradição de denominar um signo pelas constelações que eram observáveis na Antigüidade. Por isso, quando dizemos que um determinado planeta está em Capricórnio ou em Libra (Balança), não queremos afirmar que ele está na mesma posição no céu que os corpos que formam aquela determinada constelação como vista pelos astrônomos. Afirmamos, isto sim, que ele está na área do zodíaco ou do mapa astral que tem o nome daquele conjunto de estrelas e planetas.

Cúspide — É um fenômeno tipicamente astrológico e refere-se à pessoa que nasce em dia próximo à mudança do signo ou no próprio dia da mudança de regência solar. Como a entrada do Sol em determinado signo muda em função da posição da Terra em seus movimentos de translação e precessão, como determinar o signo de uma pessoa que, por exemplo, nasceu no dia 20 de março, num ano em que o Sol entrou em Áries nessa data? Habitualmente, o Sol entra em Áries em 21 de março, mas, acompanhando o movimento da Terra e os conceitos astronômicos, prevalece, para a determinação do signo, o exato instante em que começa a regência do Sol sobre o signo. No caso em questão, a pessoa será arietina e não pisciana.

Decanato — É a distância de dez graus de um signo. Todos os signos têm três decanatos. O primeiro é contado a partir do primeiro até o décimo grau; o segundo, do décimo primeiro ao vigésimo; e o terceiro, do vigésimo primeiro ao trigésimo grau. Diz-se em astrologia que cada decanato revela uma influência específica que deve ser considerada na análise de características. O primeiro decanato é influenciado fortemente pelo signo anterior. O segundo mostra características específicas, ditas puras, do próprio signo. O terceiro já recebe influência do signo seguinte. Assim, por exemplo, uma pessoa nascida no primeiro decanato de Leão, apesar de leonina, vai incorporar ao seu modo de ser alguns dos elementos do signo de Câncer que antecede o seu. Num exemplo prático desse caso, ela poderá somar um pouco de tradicionalismo canceriano à exuberância leonina.

Elementos — O conceito é dos mais antigos na história da humanidade e deu origem às primeiras manifestações de fundo religioso entre os homens. Ele nos diz do fogo, da terra, do ar e da água. Cada um desses elementos, considerados fundamentais na formação da vida, governa três signos aos quais transmitem algumas de suas características básicas e essenciais. O *fogo*, primeiro desses elementos, tem uma presença forte na história do homem e foi, para os primeiros hominídeos, o seu "deus". Ele passa aos seus signos — Áries, Leão e Sagitário — o calor, a natureza ígnea, a construção e a agressividade. A *terra* é o segundo dos elementos da natureza e governa os signos de Touro, Virgem e Capricórnio, exatamente os que falam de destino, da rigidez, da constância e da fecundidade. O *ar* é o terceiro elemento e nos revela o temperamento aéreo e sonhador, o humor e a flexibilidade que dão aos signos de Gêmeos, Libra e Aquário essas características. E, por fim, a *água*, elemento da natureza relativo ao caráter fluente, à brandura, à impressionabilidade e à aderência, que fazem de Câncer, Escorpião e Peixes os chamados signos do caráter.

Grau — É a tricentésima sexagésima parte de uma circunferência. O zodíaco é, geometricamente, uma circunferência, formada por 360 graus, cada grau revelando um dia. Assim, cada signo tem, em média, 30 graus que são percorridos pelo Sol em seus movimentos de rotação e translação.

Horóscopo — É o que diz da observação, sob a ótica do quadro planetário, da hora e da data em que uma pessoa nasceu. Hoje, é um dos mais populares tipos de entretenimento fundamentado em algumas considerações e conceitos da moderna astrologia. Alguns horóscopos trazem previsões de acordo com as características específicas do signo. Mas não se pode considerar um horóscopo com seriedade maior que a dispensada a uma distração. Não é possível, em termos astrológicos, fazer-se previsão astrológica genérica igual para todos os nativos de um mesmo signo. É o elemento mais importante na difusão da astrologia.

Latitude e Longitude — Têm a mesma concepção da astronomia. Servem para determinar geográfica e eclipticamente o local exato de nascimento de uma pessoa, base de cálculo do signo ascendente e do mapa astral.

Qualidades — Cada um dos signos apresenta uma *qualidade*, que é a manifestação para que se expresse e se movimente. Três são as qualidades dos signos: cardinal, fixa e mutável. Os signos da qualidade cardinal são Áries, Capricórnio, Câncer e Libra, dos quais se destacam os princípios de energia aplicada à expansão e à liberação, representados pela iniciativa, o novo e a ação. Os da qualidade fixa são Leão, Aquário, Touro e Escorpião e deles se diz que representam a necessidade de se conter a energia com estabilidade, concentração, paciência e persistência, representadas pela noção de segurança. E, finalmente, os da qualidade mutável são os signos de Sagitário, Virgem, Gêmeos e Peixes, aos quais se atribui a reciclagem e o reaproveitamento da energia, donde vem a noção de versatilidade, adaptação e flexibilidade, representando a mudança.

Planetas — Em astrologia, a concepção de planeta é diferente da significação astronômica do termo. Ela engloba corpos celestes, não importando se estrela, planeta ou satélite. Assim é o caso do Sol, da Lua e de Vênus, por exemplo. Uma das maiores críticas à astrologia é feita exatamente a essa concepção, que considera a Lua um planeta.

Polaridade — A polaridade refere-se aos pólos positivo e elétrico ou negativo e magnético, com que são classificados os signos. Essa classificação não acompanha a divisão exata dos signos. Dessa forma, todos os signos apresentam nativos com as duas polaridades. Para uma classificação mais simples, pode-se dividir o zodíaco em períodos de polaridade positiva ou negativa, dependendo do signo, de acordo com a seguinte tabela, que aponta os dias do ano em que determinada polaridade prevalece, independentemente do signo em que nascemos:

Polaridade positiva	Polaridade negativa
de 6 de março a 5 de abril	de 6 de abril a 5 de maio
de 6 de maio a 5 de junho	de 6 de junho a 5 de julho
de 6 de julho a 6 de agosto	de 7 de agosto a 6 de setembro
de 7 de setembro a 6 de outubro	de 7 de outubro a 5 de novembro
de 6 de novembro a 5 de dezembro	de 6 de dezembro a 5 de janeiro
de 6 de janeiro a 5 de fevereiro	de 6 de fevereiro a 5 de março

Com base nessa classificação, pode-se afirmar se uma pessoa se liga, na natureza, a forças positivas ou elétricas, mostrando-se ativa, expressionável e dominante ou, ao contrário, se ela é magnética ou negativa, revelando em sua maneira de ser um caráter dormente, silencioso e pensativo. Isso explica, em certo sentido, algumas diferenças encontradas na análise do temperamento, que é diferente entre pessoas do mesmo signo.

Regência — A referência ao termo diz da regência planetária que foi organizada por Ptolomeu, o astrônomo e astrólogo grego que sistematizou a astrologia ocidental. Ptolomeu deu a cada signo um *regente*, planeta que podia ser observado à sua época. A regência criada por Ptolomeu permaneceu inalterada até a descoberta de Urano por William Herschel, em 1781. Daí por diante, este planeta substituiu Saturno na regência de Aquário. O mesmo aconteceu quando da descoberta de Netuno em 1846 pelo astrônomo alemão Galle, que seguiu os cálculos do matemático francês Le Verrier. Netuno passou a reger Peixes no lugar de Júpiter. Isso deu origem ao sistema de co-regência em diversos signos. Há críticas a esse sistema que alguns consideram meramente indicativo e citam, como exemplo, a incongruência da regência de Saturno em Capricórnio. Saturno foi considerado durante muito tempo o "grande maléfico" do zodíaco e o planeta da morte, o que não se coaduna com Capricórnio, o signo da honra e da fama.

Signo — Nome dado às divisões do zodíaco, cada uma delas compreendendo 30 graus. Os signos começam com Áries, cuja data inicial coincide com a entrada do Sol no outono do hemisfério sul e da primavera no hemisfério norte. O início da regência de um signo é mutável pela impossibilidade de coincidência do ano solar civil com a divisão astrológica do zodíaco em 360 graus. São as seguintes as datas-padrão de vigência de um signo:

Áries — 21 de março a 20 de abril
Touro — 21 de abril a 20 de maio
Gêmeos — 21 de maio a 20 de junho
Câncer — 21 de junho a 20 de julho
Leão — 21 de julho a 22 de agosto
Virgem — 23 de agosto a 22 de setembro
Libra — 23 de setembro a 22 de outubro

Escorpião — 23 de outubro a 21 de novembro
Sagitário — 22 de novembro a 21 de dezembro
Capricórnio — 22 de dezembro a 20 de janeiro
Aquário — 21 de janeiro a 19 de fevereiro
Peixes — 20 de fevereiro a 20 de março

Essas datas mostram variação de ano a ano. Para os astrólogos que adotam um calendário mais ou menos fixo, elas também variam.

Símbolos — Cada signo guarda uma simbologia, e os astrólogos usam interpretações pessoais para essa representação prática. A mais popular, no entanto, é a que classifica os signos da seguinte forma:

Áries — Mudança, criação, impetuosidade
Touro — Segurança, realismo, integração
Gêmeos — Inquietude, habilidade, dualidade
Câncer — Fecundidade, memória, intuição
Leão — Ambição, força, teatralidade
Virgem — Assimilação, sensibilidade, observação
Libra — Equilíbrio, conciliação, absorção
Escorpião — Instinto, extremismo, perspicácia
Sagitário — Aventura, independência, crítica
Capricórnio — Perseverança, discriminação, severidade
Aquário — Fantasia, lealdade, antecipação
Peixes — Mediunidade, compaixão, sacrifício

Trânsito — É o movimento de um planeta sobre as casas do zodíaco, passando de um signo a outro em movimento direto ou retrógrado entre Áries e Peixes. Conhecido também por *passagem*, o trânsito é calculado por meio de uma tábua planetária de posição dos astros. Por ele se formam os aspectos.

Zodíaco — Na definição mais comumente aceita são as 12 divisões do céu, estabelecidas ao longo da eclíptica, onde o zodíaco alcança 8 graus acima e 8 graus abaixo. A palavra vem do grego e significa "a roda dos animais" por representar os animais que denominam as 12 constelações pelas quais o Sol passa em seu movimento anual em torno de seu próprio eixo. O Sol leva cerca de trinta dias em cada uma dessas constelações. Há autores, no entanto, que vinculam a denominação à sistematização da astrologia feita pelos caldeus.

A natureza e a astrologia

Um dos mais impressionantes vínculos entre a astrologia e a vida surge da comparação entre o ciclo evolutivo de um ser vivo com o zodíaco e os signos. Dizem os estudiosos dessa teoria que cada signo guarda em si um elemento fundamental que representa um estágio da natureza. Daí o paralelo entre o ciclo vital de uma planta, por exemplo, e as casas do zodíaco. Por esses estudos que explicitam bem as características do ser humano, pode-se dizer o seguinte:

Áries ♈ O primeiro dos signos está vinculado ao momento do nascimento, da explosão da semente que começa seu ciclo de vida. É a força criadora que nasce com o ser.

Touro ♉ Este signo mostra o instante em que o ser toma contato com a terra e se situa fora do casulo, útero ou invólucro-matriz.

Gêmeos ♊ É representado pelo instante em que, deixando a terra, o braço materno, e assomando à superfície, o ser não sabe o que é e a que veio, buscando definições.

Câncer ♋ Indeciso, o ser se volta a suas origens em busca de respostas e se prende à matriz que o gerou, valorizando aquilo que é a sua história.

Leão ♌ Seguro de sua existência no mundo, o ser busca mostrar-se, aparecer, fazer-se notado e se acredita dono de tudo a seu redor.

Virgem ♍ Neste momento da evolução, o ser que até então vivia intuitivamente passa a notar detalhes e cuidar-se, buscando aparência e critérios.

Libra ♎ Atingindo, neste signo, o ponto máximo do crescimento, o ser se equilibra em relação aos que o cercam e molda a aceitação da decadência daí por diante.

Escorpião ♏ Neste estágio, o ser busca a continuidade e faz do sexo e da emoção os seus mais importantes dons. Nas plantas, é o pólen que fecunda.

Sagitário ♐ Experimentado, o ser busca a liberdade à sua volta e tece a interpretação de seu mundo relacionando-se a ele.

Capricórnio ♑ A vida leva o ser neste instante à persistência, ao trabalho e à determinação. Sábio, ele usará de sua experiência em busca da sobrevivência.

Aquário ♒ Como a velha sequóia, o ser vê próximo o fim e se dá conta de que há um futuro e sobre ele devaneia, sonha e projeta-se para o amanhã.

Peixes ♓ É o instante em que a morte se aproxima e o ser se faz semente de novo, buscando a preparação para o renascimento.

Essa vinculação de características de um signo com a natureza explica muito do temperamento encontrado nas pessoas que nascem sob um mesmo signo. Em razão disso, podemos afirmar que todo arietino é criador; o taurino é realista e tem os pés no chão; o geminiano é curioso e dúbio; todo canceriano é romântico e apegado à origem; o leonino é exibicionista e dominador; o virgiano é detalhista; o libriano é justo e equilibrado; o escorpiano é violento, vingativo e sensual; o sagitariano é ansioso pela liberdade e crítico; o capricorniano é diligente e persistente; o aquariano é incompreendido e avançado em seu tempo; e o pisciano é espiritualista, bondoso e voltado para o psiquismo.

De forma bastante curiosa, nota-se, em relação a cada um dos signos, a existência desse tipo de característica ligada à natureza. Essa observação, feita pela análise de personalidades de dezenas de nativos de cada um dos signos, foi comprovada em estudos recentes de astrólogos que vêm se filiando a essa nova corrente da astrologia ocidental.

A influência da Lua

Dispondo o analista dos elementos da característica astrológica para uma pessoa em dois signos — o solar e o ascendente — deve combiná-los com os do **signo lunar**, levando em conta a regência da Lua em cada um dos signos, que pode ser assim resumida:

Áries — Lembra e favorece as atividades ligadas às armas e à guerra, representando, com isso, a ação dos militares. Na vida comum, refere-se ao trabalho com o ferro e o fogo, à cirurgia e aos empreendimentos e a tudo o que demande esforço. Lembra a forja e o ferro derretido.

Touro — A influência lunar em Touro se liga a atividades de controle e de finanças, aos assuntos relacionados ao comércio, especialmente o de jóias, às diversões, à moda e às artes. Lembra sempre a construção.

Gêmeos — Neste caso, a Lua influencia tudo o que se relaciona às viagens, à propaganda e ao jornalismo em todas as suas formas. Diz de mudanças e dos negócios com imóveis. Fala-nos sempre do que é escrito.

Câncer — A Lua no seu próprio signo nos remete a uma influência direta sobre o líquido, o movimento pela água, os processos, a atuação financeira do homem em empréstimos e a psicometria. Representa a fluidez.

Leão — A Lua em Leão nos revela influência sobre as empresas e empreendimentos que nos são úteis, governando também as especulações. Neste aspecto, estão presentes as amizades e festas. Lembra a vida social.

Virgem — A influência da Lua, quando neste signo, se dá sobre os negócios com dinheiro, quando envolvem bancos, e também sobre o comércio, os imóveis e as ciências. Ela nos fala sempre da instrução.

Libra — Quando em Libra, a Lua revela influência sobre todos os nossos compromissos e controla o trato com jóias, a publicidade, os assuntos religiosos, as artes e as viagens por terra e à longa distância. Ela mostra responsabilidade.

Escorpião — Na sua passagem por Escorpião, a Lua rege a persistência e a determinação do ser humano, revelando a sua coragem e dirigindo os assuntos ligados à química. Lembra a fusão dos elementos.

Sagitário — A regência lunar neste signo mostra uma influência determinante sobre conceitos de honestidade e de prudência. As matérias jurídicas, as finanças e os estudos também sofrem sua influência.

Capricórnio — Quando transita por Capricórnio, a Lua governa o nosso conceito de propriedade, atuando sobre os frutos da terra, a política e os orçamentos econômicos, falando-nos da maneira de ter para o amanhã.

Aquário — Em Aquário, a Lua dirige a agricultura, a construção quando vista pelo ângulo do engenho humano, a eletricidade, as invenções e as experiências, setores que lembram avanço e descoberta.

Peixes — No último signo, a influência lunar se faz presente sobre todos os contratos já iniciados e não concluídos e sobre as viagens e as mudanças de vida. A Lua nos fala, neste caso, da filantropia em todas as suas formas.

Os elementos

Conhecendo-se dessa forma as diferentes influências que se fazem sobre cada signo e a maioria dos elementos comuns da astrologia ocidental, é possível combinarem-se traços de comportamento, temperamento e personalidade, que vão dar um perfil o mais aproximado possível da realidade, da personalidade e da maneira de ser de cada um de nós.

Para isso, devemos sempre interpretar esses dados combinando-os com outros já detalhados, mas levando em conta um dado fundamental na nossa formação como seres pensantes e dotados de inteligência: os elementos básicos da vida.

Baseados nas quatro formas da energia e nas suas mais simples manifestações, esses elementos basicamente refletem tudo o que conhecemos e sabemos sobre nossa presença no planeta Terra. Antes de qualquer interpretação sobre uma pessoa, é importante se determinar o seu elemento, pois ela vai refletir, em sua maneira de ser, um deles, da seguinte forma:

Signos do fogo (Áries, Leão e Sagitário) — Os nativos de qualquer um desses três signos vão revelar um temperamento que nos lembra sempre a chama, o fogo ardendo, a explosão de luzes e de calor numa fogueira. Há que se destacar o fato de que a própria Terra, o nosso planeta, surgiu de matéria ígnea, uma verdadeira bola de fogo que esfriou com o passar das eras. Daí reafirmarmos que este é o elemento-chave nos nativos que vivem pela conquista e pela criação, em reflexo de tudo o que os simboliza na natureza, o fogo inicial da vida.

Signos da terra (Touro, Virgem e Capricórnio) — As características dos nativos destes signos, governados pelo elemento terra, mostram a estabilidade e a permanência típicos do solo do planeta em que vivemos. Seu temperamento, por isso, é mais estável e seguro, concreto e palpável como tudo o que compõe, na natureza, a superfície, o chão que pisamos. Nisso há muito de estabilidade e segurança, que são pontos a se destacar na forma de ser, pensar e agir de taurinos, virgianos e capricornianos.

Signos do ar (Gêmeos, Libra e Aquário) — Para os nativos destes três signos, há que se lembrar sempre o etéreo e impalpável ar que nos cerca e nos é essencial à vida. Este elemento revela o caráter também não material do pensamento, a maior força criadora de que dispõe o ser humano. Nossa imaginação, nossos sonhos e aspirações e as idéias que nos conduzem têm o mesmo traço impalpável do elemento que governa o signo. Por isso se ligam à valorização do espírito e da mente e ao desapego à matéria.

Signos da água (Câncer, Escorpião e Peixes) — Para os nativos dos signos da água vale o conceito de que este elemento, por sua própria característica, é essencial à formação da vida, preso ao sentido de existência, de berço e lar. Isso faz com que sejam cancerianos, escorpianos e piscianos os que mais se relacionam com seu próprio ambiente, vivendo-o com intensidade e expressando, nas emoções e na maneira de sentir ou se moldar, o mundo em que vivem. Daí o sentido de adaptação ao ambiente que os destaca na sua forma de agir.

Os decanatos

Um outro fator que contribui, em proporção tanto maior quanto mais próxima for da mudança de signo, é a chamada "teoria dos decanatos", segundo a qual os nativos do primeiro decanato, isto é, aqueles que nascem entre o primeiro e o décimo dia de um signo, sofrem influência do signo anterior àquele em que se encontrava o Sol no nascimento da pessoa. Os que nascem no segundo decanato, do décimo primeiro ao vigésimo dia do signo, são os que apresentam maior pureza nas características de seu signo e os nativos do terceiro e último decanato, isto é, no período do vigésimo primeiro ao trigésimo ou trigésimo primeiro dia do signo, sofrem influência do signo posterior, podendo ser classificados da seguinte forma, de acordo com cada um dos decanatos:

1º decanato	2º decanato	3º decanato
Áries-Peixes	Áries-puro	Áries-Touro
Touro-Áries	Touro-puro	Touro-Gêmeos
Gêmeos-Touro	Gêmeos-puro	Gêmeos-Câncer
Câncer-Gêmeos	Câncer-puro	Câncer-Leão
Leão-Câncer	Leão-puro	Leão-Virgem
Virgem-Leão	Virgem-puro	Virgem-Libra
Libra-Virgem	Libra-puro	Libra-Escorpião
Escorpião-Libra	Escorpião-puro	Escorpião-Sagitário
Sagitário-Escorpião	Sagitário-puro	Sagitário-Capricórnio
Capricórnio-Sagitário	Capricórnio-puro	Capricórnio-Aquário
Aquário-Capricórnio	Aquário-puro	Aquário-Peixes
Peixes-Aquário	Peixes-puro	Peixes-Áries

A combinação de decanatos com os demais elementos da análise de características nos dá mais um dado a somar nesse estudo de nossa personalidade. Em linhas gerais, essa combinação de decanatos que figura em cada um dos signos nos revela um importante elemento na análise do que somos.

O que significam os planetas

Sol ☼ Detém o princípio da vida e representa calor, luz e irradiação. Na astrologia, é associado à juventude, ao poder e à virilidade. O coração e o cérebro o retratam, e ele nos diz de vocação, generosidade, heroísmo, da ética e da irradiação de todos esses elementos.

Lua ☽ O nosso satélite governa o princípio matriarcal da fecundidade e exprime as artes, a imaginação e o romantismo. Sua ligação em nossas vidas nos fala da mãe, da irmã e da filha, figuras sintetizadas em sua imagem. Lembra primitivismo, poesia, lirismo, casa e vida doméstica.

Marte ♂ É o planeta da guerra, da luta, da conquista e do domínio. Sua simbologia nos fala de violência, polêmica, militarismo e emboscada. A paixão é o sentimento que nele encontra maior ressonância. É o planeta do começo da idade madura e os desejos humanos são controlados por ele.

Vênus ♀ O planeta que fala da beleza nos lembra a mulher, a juventude, o amor e a ternura. É o governante, na astrologia, dos princípios de fusão e atração, atuando sobre os artistas, o sexo, a dança, o canto, a sensibilidade e a estética. Nele estão presentes o luxo, a paz e a beleza.

Mercúrio ☿ O planeta do viajante governa o movimento, fala da adolescência, da natureza flexível no ser humano e nos lembra o jornalismo, o comércio, a literatura, o desenho e as viagens. No nosso organismo, atua principalmente sobre o sistema nervoso, além de controlar a respiração.

Júpiter ♃ É o planeta que governa o princípio da expansão, a coordenação e a ordem. Sob sua influência, se revelam a autoridade e a natureza jovial e extrovertida nos seres humanos. Ele nos diz do bem-estar, da obesidade, da justiça e do senso de humor.

Saturno ♄ O velho "grande maléfico", ao contrário de Júpiter, governa a sabedoria dos mais vividos e idosos, a prudência e a tradição. Fala-nos da avidez e de ciúme, além dos princípios de concentração, abstração e inércia. É o planeta do conservadorismo, do trabalho e da renúncia.

Urano ♅ Para nós, humanos, dirige o princípio do fogo universal, a tensão e a ereção, destacando-se, por isso, como o planeta da conduta, da inteligência, do progresso e da rebeldia. Ele nos fala também de técnica, da aspiração do absoluto, do caráter dos seres e da ação.

Plutão ♇ No que se refere a este planeta, a transformação, a transmutação e a destruição são os elementos mais presentes. Ele governa a morte e a mediunidade, a mente analítica e a sexualidade, as grandes disputas e a espionagem. No seu campo, se colocam também o escuro e o invisível.

Netuno ♆ É o planeta que guarda em si o princípio primordial da existência, a água. Por isso, governa a inteligência sensitiva, as manifestações primárias do instinto. Liga-se à integração universal, à sensibilidade, ao anarquismo e à esquizofrenia. É o símbolo do coletivismo.

O dia da semana

Outro elemento com que podemos trabalhar para a determinação das características astrológicas que fazem nossa personalidade é o dia da semana em que nascemos. Isso pode ser descoberto em calendários perpétuos de agendas comuns ou nas tabelas de publicações especializadas. Estas são as características encontradas para a pessoa, de acordo com o dia da semana de seu nascimento:

Domingo — Dia regido pelo Sol, mostra para os seus nativos um forte sentido de alegria com a vida. Materialmente, obtêm lucro em qualquer atividade. Têm uma vida longa e agem com otimismo e determinação na busca do sucesso.

Segunda-feira — É o dia da Lua na regência astrológica. Seus nativos são generosos e afáveis, possuem raro tirocínio para negócios e só não obtêm êxito devido à sua excessiva boa-fé. São, com freqüência, pessoas muito amáveis.

Terça-feira — O dia de Marte e de Plutão mostra para os seus nativos um temperamento forte e colérico, que faz com que a pessoa chegue fácil à violência, expondo-se, por isso, a acidentes. São dominadores e têm magnetismo pessoal.

Quarta-feira — É o dia da semana dedicado a Mercúrio. Os nascidos neste dia são pessoas calmas, sociáveis, estudiosas e inclinadas às artes e ciências. Estão sujeitas a contrariedades financeiras e sentimentais ao longo de suas vidas.

Quinta-feira — Dia de Júpiter. Há uma clara indicação de que os seus nativos são humanitaristas e muito alegres, sempre prontos a ajudar os que carecem de apoio e proteção. O seu êxito, habitualmente, vem da ajuda de amigos e pessoas próximas.

Sexta-feira — Este é o dia de Vênus, planeta da beleza. Os nascidos neste dia têm forte magnetismo, encontram caminho fácil para o sucesso e conquistam, não raro, verdadeiras fortunas. Mostram, pela influêencia de seu regente, forte inclinação para as artes.

Sábado — O dia de Saturno dá aos seus nativos elementos de melancolia e meditação, revelando também uma forte tendência ao retraimento. Seu progresso é lento, embora sejam muito inteligentes e capazes de assimilar tudo com facilidade.

Os ciclos e eras astrológicos

Um tema que tem empolgado tanto os estudiosos e pesquisadores de astrologia, como as pessoas comuns em todo o mundo, é o fim da Era de Peixes e as mudanças decorrentes deste término com a passagem para a Era de Aquário. Poucos, porém, sabem, com exatidão, o que tal evento significa.

Da mesma forma que os movimentos de rotação do planeta Terra nos dão a noção de dias, horas, minutos e segundos e os movimentos de translação determinam os anos, décadas, séculos e milênios, existe também um movimento do Sistema Solar que, por ser de grande amplitude e extremamente longo, demorado, é quase imperceptível. Esse período, o assim chamado Grande Ano Sideral, perfaz um ciclo astrológico que, completo, dura cerca de 26 mil anos.

Na astrologia, esse ciclo é detalhado da mesma forma que o horóscopo comum, ou seja, é dividido em 12 casas, que correspondem aos 12 signos do zodíaco. Sua movimentação, porém, se faz na ordem inversa do percurso anual dos signos, indo de Peixes até Áries, no sentido dos ponteiros do relógio. Cada uma dessas divisões é denominada *era* e sua duração é de, aproximadamente, 2.160 anos. Quando uma nova era se inicia, temos uma mudança de regência no Sistema Solar.

Como é difícil identificar o ponto exato onde termina o período de regência de um signo e começa o seguinte, a data precisa da transição de uma era para outra tem sido quase impossível de ser determinada. Por esse motivo é que, atualmente, se observa como os astrólogos têm divergido acerca de quando realmente se iniciaria a Era de Aquário.

Esses grandes ciclos também exercem efeitos sobre a vida humana, porém, de forma muito mais abrangente. Estando cada era sob a regência de um determinado signo, a influência desse signo vai marcar, durante 2.160 anos, os acontecimentos, as descobertas, o desenvolvimento de idéias, os comportamentos, os valores, o relacionamento entre culturas, religiões, etc.

Devido à sua longa duração e à sua enorme amplitude, as eras interferem não somente na vida de cada pessoa, individualmente considerada, mas, principalmente, na evolução da espécie humana, em seu desenvolvimento intelectual e espiritual e na história das civilizações.

Os fatos registrados pelos arqueólogos, antropólogos e historiadores são a melhor comprovação da existência e das conseqüências desses ciclos.

As duas eras mais recentes são claramente identificadas por relatos escritos e orais dos povos que as vivenciaram: a Era de Touro, entre os anos 4511 a.C. e 2351 a.C., e a Era de Áries, que se encerrou com a chegada de um período de forte religiosidade, pouco antes do advento do Cristianismo.

Com a Era de Áries, entre 2351 e 191 a.C., a humanidade encerrava mais um Grande Ciclo Astrológico de 26 mil anos, quando o ser humano deixou para trás sua pré-história e desenvolveu o que se conhece como "civilização" em um sentido mais moderno.

Esse ciclo de aproximadamente 26 mil anos representou, portanto, o domínio do mundo físico e do corpo. A partir daí, preparou-se outro momento da evolução, que apontou para uma valorização do espírito sobre a matéria e, conseqüentemente, da mente sobre o corpo. Esse novo Grande Ciclo Astrológico se iniciou há pouco mais de dois mil anos e foi marcado pela entrada da humanidade na Era de Peixes.

Era de Touro
Aproximadamente de 4500 a.C. a 2350 a.C.

Com poucos registros escritos, conhecida principalmente por meio da transmissão oral, a primeira dessas eras astrológicas historicamente identificada, a Era de Touro, coincide com o surgimento de algumas das maiores civilizações da Antigüidade, a minóica, ou cretense, e a egípcia. Em Creta, surgiram lendas e mitos em torno de uma figura lendária, o rei Minos e o Minotauro. No Egito, às margens do fértil Nilo, com os faraós surgiram exemplos dos maiores avanços obtidos pelo ser humano até à época nos mais diferentes campos de atividade.

Em ambas as civilizações, da mesma forma como ocorria pelo mundo afora, uma figura assumia papel preponderante nos cultos, na economia, e na simbologia de seu próprio desenvolvimento: o *touro*, o mais sagrado e festejado dos animais, símbolo de profundas mudanças na vida do homem, que então se tornava sedentário, agricultor e pastor.

O homem estabelecia-se nos grandes vales, junto aos rios caudalosos da Europa, Oriente Médio e Ásia. A princípio, em sociedades com caráter nômade, cuja principal atividade era o pastoreio. Muitas ocorrências desse período estão narradas na Bíblia, no Antigo Testamento, na história de um povo semita, os hebreus, com suas 12 tribos.

Ao mesmo tempo, no Egito, surge a civilização dos faraós construtores de pirâmides, onde o deus Ápis — o touro sagrado — ocupa lugar de destaque entre os deuses da civilização das pirâmides. Também é dessa época o florescimento das grandes civilizações da Mesopotâmia.

Na ilha de Creta, adora-se o Minotauro (ser mitológico, com corpo de homem e cabeça de touro) e, da mesma forma, o touro constitui-se no principal elemento de culto. Igualmente, na Índia, o boi assume um caráter sagrado e se torna símbolo de veneração pública.

Por todo o mundo conhecido, firma-se o caráter civilizatório. O homem, agrupado agora em tribos de pastores que constantemente se deslocam em busca de melhores pastagens, cria os embriões das primeiras cidades, surgidas em torno de entrepostos, aguadas e oásis, todos vinculados à existência de pastagens e aguada para o gado.

Foi uma era de tranqüilidade em que predominaram como principais características a "paciência bovina", o espírito conservador, a confiança do ser humano em seu semelhante, o sentido da posse e o materialismo, todas elas típicas do signo de Touro.

Era de Áries
Aproximadamente de 2350 a.C. a 200 a.C.

Por volta do ano 2351 a.C. ocorre outra mudança, com o ingresso na chamada Era de Áries, dominada por Marte. Na história da civilização, caracteriza-se pelo surgimento de sociedades guerreiras, já então sedentárias, donas de terras e que fizeram das armas, da ciência, da guerra e da luta física o seu objetivo.

Dominado o pastoreio e estabelecidos os primeiros elementos de riqueza individual com o aparecimento dos conceitos de "propriedade" e de "território", o ser humano se mostra apto a ingressar em uma nova fase de sua evolução. A espécie já se espalhara o bastante para que pudesse se iniciar um novo ciclo, agora regido por Ares, o deus da guerra.

O domínio das sociedades militarizadas, que se contrapõem ao modo de vida quase rural e tranqüilo da era anterior, revela claramente as influências astrológicas dos seus respectivos regentes. Se Touro, regente do ciclo anterior, sugeria uma sociedade pastoril, tranqüila e voltada para a consolidação da convivência no campo, Áries, regida que é por Ares ou Marte, o deus da guerra, ao contrário, inclinava toda a civilização para a expansão e a conquista pelo uso de armas, uma típica alusão à forma de agir arietina, marciana.

Todas as sociedades de então refletem o caráter desse período quando são agrupadas em torno de habitações fortificadas e tendo como governantes os melhores entre os seus guerreiros. O homem desenvolve o sentido da luta pela vida, revelando um caráter independente, criador, com um dinamismo que o diferencia de seus antepassados.

É nessa época que se descobre a posse permanente da terra, fazendo surgir o conceito ainda tribal de território e propriedade, resultado de um processo econômico incipiente ligado à agricultura sedentária. Com isso, o soldado passa a ser valorizado e substitui, em importância, o rei pastor de outrora.

Esse novo período coincide, no Egito, com o fim do Antigo Império e a invasão do país pelos hicsos, povo indo-europeu que se esmerou nas técnicas de guerra e que, utilizando o cavalo e o carro de combate, conseguiu dominar quase todo o território que hoje se conhece como Oriente Médio.

Na Grécia, as cidades-estado ganham importância e, entre elas, Esparta, que se torna o exemplo máximo do domínio da espada sobre o arado com o culto à espada, atingindo seu ponto culminante no treinamento dos jovens e de crianças, a partir dos sete anos, nas artes do combate e da guerra.

Em Roma, consolida-se uma civilização de conquista e domínio que deixou marcas profundas em todo o mundo. São dessa fase personagens e fatos famosos, do porte de Alexandre Magno, o imperador Dario, a maratona grega, a Guerra do Peloponeso, as Olimpíadas, os cônsules e as centúrias romanas.

Seguindo os desígnios de sua própria evolução, o ser humano cumpre, nessa Era de Áries, a tarefa de afirmação da espécie sobre o planeta Terra, encerrando também outro ciclo astrológico, um Grande Ano Sideral iniciado 26 mil anos antes, quando os primeiros dos *Homo-sapiens-sapiens* se acomodou numa caverna, ao lado de remanescentes e dos vestígios de seu antecessor, o Neanderthal, e dali começou seu processo evolutivo.

Era de Peixes
Aproximadamente de 200 a.C. até 1969.

Nessa fase, tão bem conhecida de todos nós, o homem entra em um novo processo de evolução que vai lhe proporcionar o desenvolvimento do espírito e da mente, elementos que irão se sobrepor à valorização do corpo físico e ao materialismo das eras anteriores. Nessa etapa, a humanidade efetua suas conquistas exercitando o raciocínio. É a era do predomínio do psiquismo e da religiosidade.

Aproximadamente quinhentos anos após a fundação de Roma, nos séculos que antecedem o nascimento de Cristo, surgem os primeiros sinais da mudança para o que hoje se convencionou chamar de "civilização ocidental", ou seja, o resultado da união das culturas egípcia, grega e romana, uma fusão típica de início de nova era.

O declínio do Império Romano coincide com o aparecimento, no Oriente Médio e na Ásia, de novas correntes religiosas, que pregavam princípios de caridade, benemerência, tolerância e predomínio do espírito, em contraposição à outra, bem diversa, na qual prevaleciam as figuras vingativas e iradas dos deuses arietinos, espelhados em Marte.

Foi nesse período, imediatamente anterior à Era de Peixes, que surgiram os grandes nomes das mais importantes religiões em todo o mundo, anunciando e preparando a mudança: Buda, Zoroastro, Lao-tsé e Confúcio.

O ser humano muda e passa a agir de forma mais voltada a si mesmo e ao seu interior. A religiosidade cresce e, com o passar dos séculos, a religião ganha força, muitas vezes assumindo o Estado.

O Hinduísmo, o Xintoísmo e o Budismo predominam na Ásia e determinam, por seus preceitos e valores, todo um estilo de vida. No Ocidente, os hebreus consolidam seus conceitos religiosos e influenciam o aparecimento do Cristianismo que, séculos mais tarde, vai validar reis e imperadores, dispondo sobre tronos e sucessões.

Mais tarde, no Oriente Médio, o Islamismo floresce e propicia o surgimento de diversas nações que justificam sua existência pelos princípios dessa nova revelação religiosa.

Dentre todas essas religiões, ao lado das crenças orientais do Hinduísmo e do Xintoísmo, foi o Cristianismo que demarcou, de forma mais intensa e evidente, a mudança de eras e o início de um novo grande ciclo na vida humana. O cristão tem no peixe o seu grande símbolo, representando a consolidação da influência exercida nesse período por esta figura mística e psíquica do Cristo e de sua pregação.

Exercitando as características típicas da Era de Peixes, o homem apresenta-se intuitivo, artístico e emotivo, ao mesmo tempo em que também se mostra pessimista, místico e sem o pragmatismo natural aos outros signos, regentes de eras anteriores.

É essa inteligência pisciana — dedutiva, curiosa, pesquisadora e valorizada pelas conquistas intelectuais — e o seu desenvolvimento que constituem os fatores dominantes dessa etapa da evolução humana.

Profundamente ligado ao signo regente e a seu elemento dominante, o mar assume a condição simbólica de fronteira, cujo desbravamento torna-se o desafio maior. Movido pelas determinações de Peixes, o ser humano se espalha pela Terra, cria cidades, inventa instrumentos, controla doenças.

A consolidação desse processo é notado, de forma mais evidente, a partir do décimo nono século da Era Cristã, quando todo o conhecimento absorvido ao longo de mais de dois mil anos consolida o avanço científico que permite o domínio da mente, dos atos humanos e até mesmo das forças da natureza.

É dessa época o domínio da energia, tanto a elétrica e a solar quanto a atômica, que se somam a avanços inimaginados na medicina, na física, na química, nas comunicações, nos costumes e na política.

Atualmente, com este início de milênio, apresentam-se os sinais de uma nova era, demonstrados, de forma bem nítida, pelos primeiros movimentos em direção à conquista do espaço, a valorização da ecologia, o aumento da expectativa de vida, o domínio de tecnologia mais avançada e pelo repúdio a guerras e confrontos.

São estes, por sua característica, os sinais mais evidentes da entrada e da vida na Era de Aquário.

Era de Aquário
De 1969 em diante.

Como acontece nas análises astrológicas comuns, que tratam de intervalos de meses e anos, o início e o fim de uma era também não são facilmente delimitados em nossa contagem de tempo usual. Apesar disso, agora possuímos, com exatidão, a indicação clara do término da Era de Peixes e a chegada desta nova fase, regida por Aquário.

São bem evidentes os sinais indicativos dessa transição, da mesma maneira que há cerca de 2.200 anos houve o afloramento da religiosidade do ser humano quando se observou o aparecimento de figuras dominantes e criadoras em todas as religiões.

Cumprindo, em seu modo de ser e de agir, os primeiros vislumbres dessa mudança fundamental, o ser humano olha a natureza não mais como predador e destruidor, mas em busca de maior integração. Observa as estrelas não mais para guiar seus passos na Terra, mas ensaiando viajar pela galáxia. Desembarca na Lua e descobre que os planetas do Sistema Solar não são estrelas distantes.

Passam a freqüentar o cotidiano do indivíduo comum notícias sobre naves-robôs, que investigam a superfície dos corpos celestes distantes e antes apenas razão de mitos e lendas.

O pensamento, a reflexão e a espiritualidade mostram domínio maior sobre o caráter instintivo herdado das eras passadas. Começam a comandar nossas ações os elementos aquarianos de lógica científica, de pesquisa visionária, de independência da espécie e de rebeldia diante das amarras do corpo físico.

O caráter belicoso, presente na humanidade a partir da Era de Áries, entra em processo de dissipação, e a herança deixada pela preponderância da inteligência sobre a força bruta, desenvolvida durante a Era de Peixes, fornece as condições de enfrentar os desafios desse novo ciclo, a Era de Aquário.

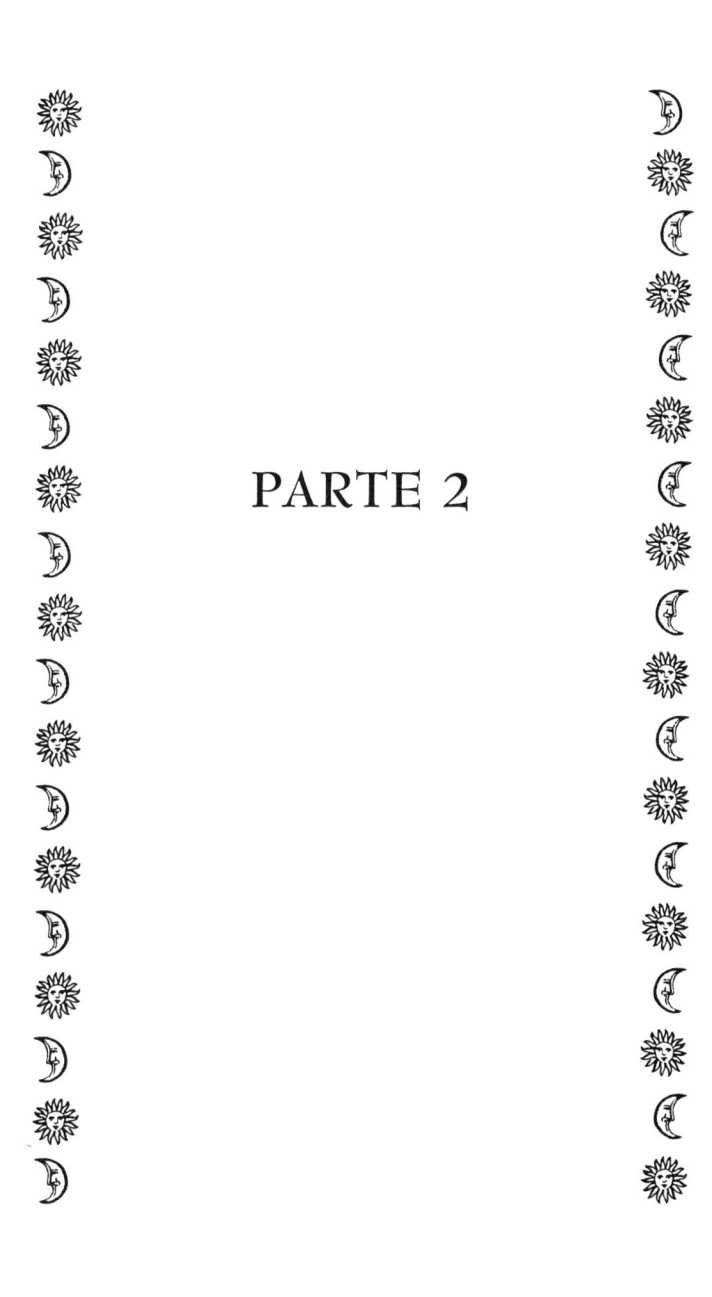

PARTE 2

Capítulo 3

Sagitário

...E disse Deus ainda: "Eis que vos tenho dado todas as ervas que dão semente e se acham na superfície de toda a terra, e todas as árvores em que há fruto que dê semente; isso vos será para mantimento. ...E a todos os animais da terra e a todas as aves dos céus e a todos os répteis da terra, em que há fôlego de vida, toda erva verde lhes será para mantimento. E assim se fez...

Gn 1: 29-30

Abertura

A voz do camerlengo se fez ouvir límpida na nave vazia naquela hora da manhã. Sua advertência quanto à necessidade de pronta escolha de um sucessor para o papa Paulo soava urgente e foi devidamente anotada pelo prelado brasileiro que tinha ascendência sobre um dos grupos em que se dividira a Igreja naqueles dias. Eram homens que defendiam a voz dos excluídos do Terceiro Mundo, opondo-se ao tradicionalismo da Cúria Romana, que pedia um sucessor de Pedro afinado com os dogmas mais tradicionais da Igreja. Ele próprio, o brasileiro, recebera indicações no primeiro escrutínio que, momentos antes, ensejara a fumaça negra das papeletas queimadas a dizer ao povo, na Piazza San Pietro, que o mundo católico ainda não tinha um papa.

Urgia uma solução que desse à Igreja Universal um novo chefe, sem delongas que ampliassem ainda mais a luta que se antecipava entre os prelados, devido à crescente mudança na forma de tratar os mais tradicionais princípios do catolicismo romano. Nada justificava um conclave demorado, uma luta de morte entre irmãos em púrpura, representantes da Igreja em países de contornos diferenciados por todo o mundo.

O cardeal brasileiro já havia pensado em um nome que unisse seus companheiros de cardinalato. E, aos poucos, aquela sensação de urgência fazia por onde solidificar o nome que ele tão bem conhecia de suas muitas idas à península e de suas viagens pastorais à terra que sediava o comando da Igreja. Na industrializada Milão, vivia um padre que tinha os predicados essenciais à escolha. Ângelo Cardeal Roncalli era a figura perfeita para suceder o papa Paulo, o sexto na cronologia da sucessão papal. Só seu nome poderia unir a dividida Igreja. Só a tranqüila presença de um homem santo em seus atos e moderado em suas decisões poderia pôr um fim àquela divisão que se anunciava desastrosa.

Inteligente, profundamente religioso, o Cardeal Roncalli conquistara suas ovelhas e fizera de Milão um exemplo de apostolado, onde os conflitos desapareciam diante da pacificação e do acolhimento, virtudes do prelado que coincidiam com as de seu nascimento. O bondoso Ângelo Roncalli era um sagitariano típico... Na tarde seguinte ao momento de reflexão do purpurado brasileiro na nave onde se reunia o conclave, o povo na praça surpreendeu-se com a fumaça que, fina e esgarçada, saía da chaminé da capela Sistina. Indefinida, ela comunicava ao mundo que mais uma votação se encerrava. Aos poucos, os tênues fios esbranquiçaram-se e se condensaram numa torrente de fumaça branca, avi-

sando a todos: "Habemus Papam..." Era a escolha de Ângelo Cardeal Roncalli, que assumiria daí a pouco o trono de Pedro, escolhendo por nome e divisa o título de João, o vigésimo terceiro papa desse nome. O papa sagitariano da ponderação...

Eu vejo...

Sagitário é inspirado na figura mítica de Quiron, o mais sábio dos centauros, professor dos semideuses e filho de Saturno com Filira, a filha do Oceano. Premiado em sua morte com uma constelação escolhida pessoalmente por Júpiter, o nono signo do zodíaco revela a expansão e a busca da verdade pelo homem, simbolizando o domínio superior, as religiões, a filosofia, as decisões dos que dominam e a aprendizagem. Meio cavalo, meio homem, Quiron, o herói inspirador do signo foi o exemplo da curiosidade mais elevada, dos dons de ensino os mais refinados e puros, da profunda sabedoria de um ser educado para a conquista do máximo, dos céus e da glória. A figura mitológica do centauro simboliza o signo e corresponde à tendência do ser humano de buscar a conquista da esfera espiritual com o domínio de seus próprios instintos e irracionalidade. Sagitarius, seu nome antigo, expressa a natureza expansiva e espiritual de um ser que se volta à distribuição entre os da sua espécie de tudo o que Escorpião, o seu antecedente, armazenou ao longo da vida. É o símbolo da liberdade pessoal, da vontade ígnea e aclaradora de um signo do fogo, marcante e luminoso, renovador e purificador. Na astrologia mundana, rege as igrejas, tribunais, a edição de livros e as viagens e seu agenciamento. Suas palavras-chave são: **aspiração, liberdade** e **exploração.**

Signo: Sagitário.
Nativo: sagitariano.
Posição zodiacal: de 240 a 270 graus.
Posição temporal: de 22 de novembro a 21 de dezembro.
Elemento: fogo.
Qualidade: móvel.
Trindade: reprodutora.
Regência planetária: Júpiter, tem Mercúrio em exílio e Plutão em queda.
Oposto: o signo de Gêmeos.
Simbologia: representa o discernimento, o raciocínio, a compreensão que se expressa na maturidade conduzida com a serenidade do julgador. Na natureza, leva-nos à maturação do fim do outono no hemisfério norte, quando o sentido da liberdade se faz pleno na busca da evolução. No hemisfério sul, remete ao declínio da primavera, consolidada a beleza da floração. Representa também a filosofia, a lei e os princípios religiosos que fazem a história do homem. É o domicílio zodiacal da lealdade, da ponderação e da inteligência filosófica.
Cor: azul nos seus mais diferentes tons.
Pedras preciosas: turquesa, safira e crisólita.

Metal: o estanho.
Flores: a violeta, o amor-perfeito, o jasmim e o narciso.
Perfume: a rosa e o almíscar.
Plantas: a figueira, o pessegueiro e o jacarandá.
Animais: o cavalo, o pavão, o mitológico centauro e a águia.
Dia da semana: quinta-feira, dia regido por Júpiter.
Regência sobre o corpo: os quadris, a parte superior das pernas, coxas, a bexiga, o nervo ciático, as vértebras lombares e o cóccix, além da parte inferior do reto. Nessas áreas, ocorrem os maiores problemas de saúde do nativo.
Números: 3 e 7, 21 e 76.
Talismã: um centauro de ouro, gravado sobre um círculo de prata.
Cidades: Ouro Preto, Santos, Toronto, Toledo, a região da Bastilha, Avignon, Nagazaki e Camberra.
Clima: seco e quente nas planícies.
Virtudes: justo, tolerante, honesto, independente, indulgente e generoso.
Fraquezas: impulsivo, belicoso, exageradamente franco, tagarela e incompreendido.
Tipo sagitariano: dotado de raro senso de liberdade, amante da natureza e com forte tendência ao misticismo, revela personalidade alegre e jovial que se torna sempre centro de atenções. Exagerado em suas atitudes, é, como seus companheiros do fogo, dono permanente da verdade, embora seja fácil e aceitável contestá-lo. É honrado, sincero, livre e profético.

Personalidades do signo: o compositor Ludwig von Beethoven; o estadista inglês Winston Churchill; o imperador D. Pedro II; o papa João XXIII; os cantores Frank Sinatra, Emílio Santiago e Luiz Gonzaga, o Gonzagão; o poeta Olavo Bilac; o cineasta Walt Disney; o ator e compositor Mário Lago; o empresário Señor Abravanel, Sílvio Santos; as atrizes Eva Vilma e Elizabeth Savalla; a cantora Maria Callas e o escritor Mark Twain.

A personalidade sagitariana

Uma das principais representações do caráter e da maneira de ser do sagitariano é a da flecha disparada pelo centauro em direção a um alvo determinado. Essa imagem simboliza a liberdade e a independência, bases essenciais daquele que figura para a moderna astrologia como um signo masculino, dotado de todo o vigor da chama do elemento fogo.

Nessa evocação prática do centauro, ele mantém seu olhar preso ao céu que faz alvo de sua permanente busca pelo ápice do conhecimento e na forma de transferi-lo aos seres humanos.

Exatamente essa expressão mítica do sagitariano como centauro é que nos explica a natureza dual e mutável — metade racional e humana, e metade instintiva, eqüestre e animal — dos nativos do signo, que têm forte ligação com o mundo em que vivemos e, ao mesmo tempo, com a natureza.

Esses dois lados em um mesmo ser fazem dos nativos sagitarianos pessoas muito especiais e relacionadas ao que de melhor anseia o ser humano: a harmonia total com o universo.

Assim divididos — livres na sua porção centauro e presos a convenções, regras e normas da vivência em sociedade — os sagitarianos mostram um forte desejo por novas experiências. E, por isso, fazem por onde vivê-las em sua plenitude, escapando fisicamente não apenas daqueles que formam seu universo pessoal e de sua família, mas também do ambiente em que vivem, em busca da expansão dos seus próprios horizontes. E, quando alcançam um alto nível de espiritualidade, sentem-se realizados nessa busca.

Essa forma de expressão dupla do caráter sagitariano ocorre quando os nativos conseguem, no momento do nascimento, um posicionamento harmonioso em seu mapa. Quando isso ocorre, o nativo mostra, além de todas as qualidades naturais de seu signo, um rigoroso e cerimonial respeito às normas, uma sensível e acentuada espiritualidade, um grau muito alto de honestidade e se revelam, por essas qualidades, dignos de confiança em todas as situações.

Mas, mesmo quando não ocorre esse fenômeno, o sagitariano mantém, ao longo da sua vida, algumas dessas características que moldam o seu caráter e sua maneira de agir e lhe dão a base pela qual vão viver.

É da índole dos nativos procurar a harmonia até mesmo no seu cotidiano e na rotina. Para eles, é muito significativo viver em ambiente confortável e seguro e que tenha uma aproximação muito grande com a natureza.

Quando apenas um desses elementos se acha presente na vida do nativo, ele estará sempre em busca do outro, à procura do complemento que lhe falta para realizar-se. É comum o sagitariano ou a sagitariana viverem no mais árido agrupamento humano, no centro de uma metrópole superpovoada e cultivarem, no terraço de seu edifício, uma verdadeira floresta que lhes ameniza os rigores da selva de aço e cimento.

Essa necessidade de reproduzir para si um ambiente que una as duas faces do centauro deriva de um traço forte do caráter dos nativos, que mostram ao longo de sua existência uma inafastável tendência à ingenuidade. Em conseqüência disso, estabelecem um processo de relacionamento com os outros seres humanos em que impera a excessiva confiança. Crêem eles que a confiança é a base da harmonia e disso fazem um dogma bem pessoal, que vem a ser o causador de suas maiores decepções e tristezas.

Em razão dessa procura pela harmonia universal, o sagitariano desenvolve aquela que é uma de suas maiores qualidades: o senso de justiça, com o qual busca corrigir os erros do mundo, encetando uma verdadeira cruzada em favor de ideais de vida que nem sempre são inteiramente compreendidos e que se chocam com o excessivo materialismo que prevalece ao seu redor.

Na busca do que poderíamos sintetizar como os ideais da Revolução Francesa — os anseios de *igual-*

dade, liberdade e fraternidade — o sagitariano faz suas as bandeiras que derrubaram a Bastilha, pois são elas, com certeza, divisas sagitarianas.

O nativo, dada a sua ânsia por liberdade, é sempre atraído pelos mais diferentes e desconhecidos caminhos que se lhe apresentam ao longo de sua existência. Nessa caminhada age com a serenidade típica do signo, sem o ardor escorpiano, por exemplo, mas com determinação e persistência às quais falta apenas o temperamento aguerrido para dele fazer um verdadeiro revolucionário e desbravador e de renomada conquista.

Habitualmente, os sagitarianos são dotados de um forte senso crítico que deriva de sua mente ágil e de seu raciocínio rápido, apresentando um processo mental tão acelerado que, muitas vezes, as palavras antecedem a conclusão do raciocínio, impedindo que avaliem bem o que falam.

Por conta desse senso crítico exagerado, o sagitariano é capaz, por exemplo, de chamar a atenção para um defeito físico de outra pessoa antes que ele próprio, uma pessoa dotada de notável bondade, se dê conta do que diz. Por não fazê-lo com maldade e, sim, dentro de toda a sua ingenuidade, na maioria das vezes, esse senso crítico lhe é perdoado e tolerado.

O comportamento dos sagitarianos é muito exuberante como resultado da influência de seu elemento, o fogo, que os faz integrar a seu modo de ser forças radiantes, ígneas e construtivas. Tornam-se mutáveis como o fogo que segue em busca de ar, e essa capacidade de mudança se aplica a todos os momentos da vida dos nativos.

É interessante o fato de que os filhos de Sagitário absorvem também do elemento fogo a mobilidade que os torna bons esportistas, amantes inveterados da aventura e do perigo e adoradores certos de viagens e do contato com o ar livre.

A realização dos nativos quando "mudam de ares" é evidente. Por isso, eles são eles excelentes companhias em *tours* por cidades e países diferentes daqueles em que vivem. Mas, na idealização dos sagitarianos, isso só é completo em um verdadeiro campo, numa tranqüila manhã de sol, com tudo o que a natureza pode nos proporcionar de bom.

Inquietos mentalmente, os sagitarianos se mostram sempre em movimento, ágeis e ativos, criando coisas para mudar, inovar ou simplesmente alterar. Fazem isso cotidianamente tanto em seu ambiente doméstico, quanto na vida profissional, embora sejam contidos quanto a mudar formas de comportamento. Neste último caso, seu comportamento explica-se pelo fato de serem profundamente arraigados às convenções e aos costumes, e não se atreverem a modificar aquilo que a sociedade consagra como dogma de moral, costume ou forma de agir.

Esse respeito às tradições vem de seu cauteloso modo de ser, embora não se possa negar aos nativos do signo o dom de personalidades inovadoras e criativas. Eles têm a capacidade de entender rapidamente tudo o que acontece ao seu redor e aquilo que observam, por isso, adotam facilmente idéias e práticas novas. Na profissão tal característica se revela um elemento poderoso a seu favor.

Habitualmente, são otimistas e amantes das diversões, mostrando riso fácil e farto e uma alegria de viver que encanta as pessoas, tudo como resultado de seu entusiasmo em relação à vida, característica que é contagiante.

Essa alegria de viver não impede que muitos dos sagitarianos apresentem, em determinadas situações, um temperamento bastante sujeito a depressões, além de traços e reações temperamentais. Eles os têm, mas sabem como ninguém controlar os momentos de debilidade com sua forma de agir.

Esse tipo de comportamento, marcado pela tendência ao exagero na busca por seus objetivos, torna os nativos de Sagitário propensos a distúrbios físicos, como o estresse e cansaço que derivam da forma com que encaram a sua necessidade de ação. É um processo de quase somatização de seu esgotamento tanto físico quanto mental, decorrente de uma rotina sempre em movimento. Isso, quase sempre, os obriga a uma moderação maior que a de nativos de outros signos.

O sagitariano sempre está em atividade por seu envolvimento direto com os mais diferentes assuntos comunitários, no seu grupo profissional, em clubes que freqüenta, na vizinhança, enfim, partilhando tudo a seu redor. E isso quando não se dedica a atividades típicas de benemerência e assistência social, nas quais é campeão em empenho e participação. O sagitariano típico leva muito a sério o que considera seus deveres sociais.

Nesse campo de atividade associativa em que tanto se destaca, é comum o empenho do sagitariano em práticas religiosas que são do seu agrado, as quais abraça por seu senso místico altamente desenvolvido. Não raras vezes, volta-se para a prática de atividades de fundo religioso estranhas e exóticas, o que satisfaz a sua curiosidade e necessidades. Quando envolvido por tais práticas, ele se empenha de uma maneira exagerada e bem próxima ao fanatismo.

A forma habitual de pensar do nativo do signo tem forte influência de seu elemento, o fogo, que dá aos seus nativos uma concepção muito própria do mundo e das coisas, levando-os a se considerarem, indistintamente tanto em Sagitário quanto em seus companheiros de elemento, Áries e Leão, os verdadeiros donos da verdade.

Essa quase intransigência que o sagitariano demonstra quando se diz sabedor de tudo contrasta de forma evidente com seu caráter extraordinariamente compreensivo e bem-humorado. Por princípio, ele sabe levar adiante qualquer discussão sem transformá-la em uma guerra aberta e declarada entre si e seus interlocutores.

A sua afabilidade é proverbial, uma vez que o nativo encanta todos com sua facilidade de expressão e pela profundidade de seus argumentos, o que, na maioria das vezes, tempera os limites do entusiasmo sagitariano pelo confronto.

É raro se ver um nativo do signo do Centauro irritado e intolerante. Isso acontece como resultado da pouca paciência que tem com pessoas que resolvem contestá-lo apenas por contestar, que o fazem apenas para se contrapor. Mas, na maioria dos casos, as reações bruscas são sempre passageiras e não deixam marcas maiores na sua forma de se comportar.

A maneira com que o sagitariano típico age com outras pessoas guarda relação direta com sua conversa sempre interessante e inteligente, cheia de graça e de vida. Para ele, a troca de idéias, a opinião alheia e a confidência são sempre bem-vindas. E, habitualmente, ele adora uma boa discussão, que entende benéfica por lhe trazer novidades e experiências.

Mas, neste caso, há que se levar em conta que o debate deve ocorrer sem agressividade. O nativo do signo não tem facilidade para lidar com processos agressivos e se descontrola facilmente em situações tensas e de violência.

Uma forma curiosa de o sagitariano reagir diante das pessoas e que sempre surpreende e conquista o seu interlocutor é a aceitação pelo que os outros são, sem máscaras, rótulos ou preconceitos. É fácil para ele dialogar com alguém mais humilde, adotando os maneirismos e linguajar da pessoa e respeitando a sua forma de ser. O nativo age assim com todos e o faz também com o erudito mestre, com o qual troca idéias em um seminário de sumidades. É um dom que o torna uma pessoa de agradável presença, que deixa transparecer sempre o seu contentamento com o diálogo e a aproximação.

Para essa conquista da simpatia alheia, o sagitariano se vale de um dos mais profundos e sérios processos intuitivos dentre todos que possam ocorrer aos nativos dos outros signos do zodíaco. É da sua natureza concluir, por mera intuição, coisas que demandariam a outra pessoa meses e meses de estudo. A primeira impressão de um sagitariano é coisa para se considerar e olhar com cuidado, pois quase sempre ele acerta nessas conclusões.

Junto com a capacidade de ver de pronto o caráter dos outros, desenvolve o nativo um raro poder de persuasão, capaz de fazer com que as mais arraigadas concepções sejam mudadas diante de seus argumentos. É curiosa a forma com que o sagitariano vai desfiando seus argumentos em um debate e, desdobrando-os, se convence da validade daquilo que fala à medida que ouve a própria voz formular o conceito.

Muitas vezes, o sagitariano entra em uma discussão sem nada saber do que está se debatendo. Mas, com a conversa e por um processo raro de associação, forma conceitos que expõe com a impressão de que já os tinha antes daquele momento.

O nativo do signo detesta a monotonia, o que talvez explique seu entusiasmo por se ver cercado de pessoas em uma discussão. Para ele, a movimentação em torno de pessoas é sempre um atrativo. E, em uma roda de conversa, é fácil notar o sagitariano ou a sagitariana que, certamente são o centro das atenções e os mais entusiasmados do grupo. Compreensivo e bem-humorado, ele atrai a atenção das pessoas que o cercam, especialmente em um mundo onde ouvir tem sido muito mais difícil do que falar.

Nessas ocasiões, o nativo, além de se posicionar no centro das atenções, com certeza, deixa à mostra uma de suas mais frágeis características: a franqueza excessiva. Da mesma forma com que vai se convencendo de seus argumentos à medida que os desfia, ele usa de suas palavras com tal sinceridade e de uma forma tão honesta e verdadeira, que não tem tempo para pensar no efeito daquilo que fala sobre as outras pessoas. A fragilidade vem, na medida em que o sagitariano diz verdades que as pessoas não gostam de ver reveladas.

Até certo ponto, isso mostra um pouco da indisciplina mental do nativo que vai falando, falando, falando, até se dar conta, pelo constrangimento a seu redor, de que disse algo que não foi bem aceito. Se isso é um defeito, é também uma notável qualidade, pois mostra uma inquietude mental própria a uma pessoa pouco acomodada, em busca da verdade e sinceridade.

Esse comportamento também leva o sagitariano a caminhos sempre novos, uma atração irresistível para o ele. É nessa ocasião que o nativo segue seus impulsos e pode, de forma repentina, embarcar em uma viagem que sequer havia sido mencionada ou programada, dando forma à sede de aventuras e novidades que sempre o cerca.

A ele, nessas ocasiões de devaneio e liberação, pouco diz seu apego à família, contrariando a característica que nos remete à certeza de que o nativo de Sagitário é sempre o centro e o núcleo de seu grupo familiar. Ele vai em busca de seu desejo de mudanças e de aventuras para só depois pensar naqueles que deixou para trás. E pensa de forma muito intensa, numa expressão de arrependimento por haver abandonado, ainda que temporariamente, quem ama. Não importa a satisfação do momento, o nativo se martiriza, pois, para ele, um sagitariano típico jamais abandona seus laços de família.

O sagitariano faz com que todos os que com ele se envolvem saibam imediatamente que não se ligam a apenas uma pessoa, mas, sim, a um grupo inteiro, sua família, seus mais próximos. E isso inclui, habitualmente, além dos filhos, pais e irmãos, muitas outras pessoas. Em termos afetivos, normalmente se diz que quem se casa com nativo do signo se casa com todo o seu grupo familiar.

Essa característica bem própria do signo vem do sentido de lealdade com que o sagitariano encara a vida. Ele é leal com seus princípios, suas origens, suas tradições e, principalmente, com as pessoas. O querer e a amizade são os escudos com os quais ele se protege na sua independência.

Um vínculo permanente com essa base de apoio dá ao nativo a segurança necessária para que ele exercite seu senso aventureiro, sem os riscos de tornar-se errante e solitário. A amizade tem para ele um valor dobrado.

O sagitariano típico é uma pessoa insubmissa e incontrolável, no sentido de não aceitar com facilidade ordens e comandos, tudo pela sua procura por uma vida livre de amarras e cabrestos daqueles que a sociedade impõe. A atração pelo perigo, pela emoção forte, pelos desafios é outra das características que lembram a insubmissão do nativo do signo.

Conceitos-chave positivos

Otimismo — Molda a forma de o sagitariano encarar o mundo e domina seus processos mentais, tornando-o uma pessoa sempre autoconfiante e esperançosa.

Lealdade — Dom que dá ao nativo uma de suas melhores qualidades, fazendo-o sempre ligado àqueles que dele dependem.

Honestidade — É inerente à maneira com que o nativo se relaciona com o mundo e vem de seus apurados condicionamentos morais e éticos.

Senso de justiça — A preocupação do nativo com a igualdade o faz buscar nas menores coisas o ideal do que é justo e direito.

Franqueza — Deriva da forma atropelada com que o nativo expõe seus pensamentos, o que não lhe dá tempo para ampliar conceitos e palavras.

Jovialidade — A alegria de viver que o sagitariano mostra ao longo de sua existência o faz confiante e sempre sorrisos diante dos outros.

Generosidade — Vem do senso de justiça que se molda a valores de proteção social, qualidade notável nos nativos do signo.

Tolerância — Por entender a forma de pensar das outras pessoas, o sagitariano sempre lhes dá o crédito da crença e da verdade.

Estudo — A curiosidade do sagitariano diante da vida o torna um estudioso de tudo aquilo que desconhece e que o fascina e atrai.

Religiosidade — O senso místico do nativo o leva a crer e confiar em princípios religiosos que lhe são importantes ao longo da vida.

Conceitos-chave negativos

Impaciência — A exemplo de todos os nativos de signos do fogo, o sagitariano pouco controla seus impulsos, que se manifestam sempre atabalhoadamente.

Exagero — É uma forma distorcida com que se expressa a imaginação do nativo, capaz de ampliar fatos de maneira acentuada.

Franqueza — Qualidade que pode se tornar defeito se não for moderada e deve ser controlada pelo sagitariano dentro de seus interesses.

Imprudência — Por não pensar muito na conseqüência de seus atos, o nativo é dado a ações exageradas e arriscadas.

Auto-indulgência — Como forma de se prestar explicações por seus erros e debilidades, o sagitariano desenvolve habitualmente processos de justificativa nem sempre corretos.

Desordem — A agilidade tanto física quanto mental do nativo pode acarretar certa desoganização em seu meio ambiente.

Brusquidão — Em decorrência da agilidade de seu raciocínio, o sagitariano se torna, muitas vezes, brusco no que expõe.

Hipocrisia — Quando não concorda com outras pessoas, o sagitariano tende à hipocrisia como forma de cimentar seus conceitos.

Irresponsabilidade — Deriva da pressa e da ânsia por liberdade, que faz do nativo uma pessoa dada a repentes e decisões súbitas, sem a necessária reflexão.

Agitação — O comportamento do nativo tende a mantê-lo sempre em movimento, com uma versatilidade que confunde as pessoas.

- *Uma das mais frágeis das suas formas de comportamento, sagitariano, é a impaciência com que você age quando se sente pressionado pelos seus próprios anseios de liberdade e de criação. Moderá-la, exercitando a espera como forma de maturação das coisas, é ganho com o qual você engrandecerá sua maneira de ser e de se posicionar diante dos outros. Não deixe nunca que a liberdade se torne grilhão e acabe, diante da sua obsessiva procura, por fazer de você uma pessoa em quem não se pode confiar.*

  Isso vale também para os processos de raciocínio que o levam a se apressar sempre em dar sua opinião sobre tudo e todos. Controlar a avaliação quando esta envolver pessoas é um dom que você adquirirá com exercícios de pensar metodicamente antes de emitir um conceito, ainda que positivo. Da mesma forma, procure se acostumar à avaliação alheia sobre si. Não reaja quando essa avaliação for negativa. Procure aceitá-la, pense na realidade da observação e, se verdadeira, incorpore-a a suas propostas de mudança de comportamento.

Exercícios sagitarianos

- Aprenda, ao longo da vida, a aceitar críticas, sem considerá-las uma ofensa. As pessoas têm razão em observar muitas coisas em você e pro-

por-lhe mudanças. Por isso, ouça, medite e decida quando ouvir admoestações.
- Faça de toda a sua experiência de vida uma lição a ser partilhada com aqueles que o cercam, sem guardar apenas para si os ensinamentos e os dons que a vida somaram à sua personalidade. Você não é o centro do mundo e deve agir com humildade na busca de toda a realização interior.
- A ânsia pela liberdade, o que o faz diferente, deve ser usada em seu próprio proveito e nunca como uma forma de fugir de problemas que podem e devem ser equacionados com realismo, moderação e equilíbrio. Seja livre até mesmo para decidir contra essa liberdade.
- Procure manter seu interesse por coisas pelas quais lutou para conseguir, evitando que o descaso molde suas ações depois de tanta luta por obtê-las. A permanência da sensação de conquista e de vitória pode ser um elemento a mais na sua procura pela felicidade.

O homem de Sagitário

Corajoso, idealista, capaz de se atirar às mais diferentes causas sociais, todas ao mesmo tempo, curioso e generoso. Assim é o homem de Sagitário, esse ser dotado de um magnetismo que sempre o acompanha e dele faz o centro das atenções de todos os que dele se acercam e têm o privilégio de com ele conviver.

Viril, seguro de si, e até mesmo machista, ainda que assim o seja de forma dissimulada ou moderada, este filho de um signo do fogo mostra bem o elemento de que é feito.

Fogoso, expressivo, caloroso e amante da vida, ele dispõe de um raciocínio rápido e pronto, o que lhe dá uma grande vantagem em qualquer discussão ou conversa. E é pela conversa que o sagitariano típico ganha e perde as batalhas que enfrenta ao longo de sua vida repleta de desafios.

Por muitas vezes, é o brusco analista de defeitos alheios que, sem papas na língua ou controle de suas palavras, diz o que pensa sem rodeios ou floreios.

Para ele, a verdade é um ente supremo e dominador do qual jamais se afasta, embora dela faça uso de forma tão ingênua e inocente, que muitas pessoas chegam a considerar o sagitariano uma criança grande. E assim ele é tratado, muitas vezes, especialmente quando se fala de amor.

Não existe para Sagitário mal absoluto no mundo e todos os seres humanos são formados de elementos positivos e negativos, cabendo a nós, mortais, fazer despertar o lado bom dos outros.

Isso mostra a credulidade que cerca o nativo do signo que, muitas vezes, se vê envolvido por pessoas com as quais, em situações normais, jamais concordaria. A sua confiança nas pessoas e no mundo faz dele um otimista e crédulo incorrigível.

Ao longo de sua vida desenvolve o lado bastante curioso do aventureiro que se sente continuamente atraído pela emoção forte e pelo desconhecido. Por ser corajoso e disposto, jamais recusa qualquer coisa temendo suas conseqüências, seja na prática de um esporte, no trabalho ou na vida social. É o pioneiro descobridor que lembra sempre um Indiana Jones pronto a se aventurar ao primeiro chamado.

Idealista, sabe levar avante sua busca pela realização desse ideal, tornando-o viável com a insuperável lógica jupiteriana, um dom que o acompanha por toda a vida. Este dom, só equiparado à insaciável curiosidade do nativo, faz com que ele nunca se detenha diante do maior obstáculo ou do mais intrigante desafio.

É um pesquisador nato, bafejado pela sorte e dotado, como ninguém, de qualidades que o tornam um estudioso de pessoas, memórias, fatos, acontecimentos e vida, sendo, por isso, um homem privilegiado.

Na sua forma de se expressar, o nativo reflete muito a imagem do arqueiro que compõe o lado humano do Centauro, seu símbolo na astrologia. À merce disso, sempre faz suas observações de forma tão direta e sem tato, que suas palavras lembram a flecha disparada direto ao alvo, sem erro, sem contemplação.

Suas palavras, assim como sua forma de agir, mostram sinceridade e falta de malícia que conquistam até mesmo os seus desafetos. Jovial e brincalhão, ele sempre cria em torno de si uma aura de alegria que lhe dá dons de liderança em grupos de trabalho ou de esportes. Mesmo sem ser o chefe, é o centro do grupo.

Apesar de suas ligações invariavelmente fortes com a família, o homem de Sagitário, ao contrário da mulher do signo, pode distanciar-se do seu núcleo de origem quando assume um novo relacionamento. Se a mulher do signo leva consigo toda a parentela ao se relacionar, o homem de Sagitário, ao contrário, cria um novo grupo, uma nova família, à qual se apega de forma quase obsessiva.

Justo e honesto, confiável e dedicado, generoso e tolerante, é um homem que simboliza a perfeita harmonia entre a natureza e o ser humano.

A mulher de Sagitário

Dotada de encantos típicos de sua natureza feminina que a valorizam como ninguém, a sagitariana consegue, ao mesmo tempo, ser a expressão humana da emotividade e a representação plena da lógica racional.

Nessa dubiedade de racionalismo e paixão, ela é, por toda a sua vida e ao mesmo tempo, a mistura exata de seu próprio símbolo zodiacal: enfeixa em si a mais desejável de todas as mulheres que coexiste com uma figura excepcional de alguém capaz de racionalizar a própria emoção.

Amável e delicada, sensível e impulsiva, a sagitariana é um mistério para a maioria dos homens e das pessoas que conseguem o privilégio de uma convivência com sua figura livre, criadora e tão expressiva.

Misteriosa nos insondáveis caminhos do pensamento, ela soma todas as qualidades típicas e próprias de seu signo. É justa e honesta, leal e dedicada, generosa e sincera, em grau tal, que consegue ser muitas mulheres numa só pessoa.

E faz assim também com os seus mais aparentes defeitos, pois é excessivamente crítica e egoísta, livre e desembaraçada num nível que chega a chocar as pessoas mais apegadas ao tradicionalismo.

Independente, não é difícil à mulher de Sagitário viver sozinha e criar um mundo somente seu, no qual dá vazão a todos os seus sonhos, escrevendo longas cartas de amor e tornando reais em sua mente as aspirações que sempre idealizou para sua existência: um mundo de conto de fadas, com um príncipe encantado que virá ao seu encontro e a salvará das agruras da vida.

Mas, por ser sonhadora e idealista, ela sabe temperar seus sonhos com uma dose muito grande de realidade, separando bem o que sonha do que vive, razão de sua estabilidade psíquica.

Rebelde, jamais aceita as amarras do mando, o que se revela desde a puberdade, quando a jovem do signo mostra bem a sua ânsia pela independência, agindo por si mesma, como forma primeira de deixar claro seu amor pela liberdade.

Na maturidade e à medida que se torna mais experiente, sabe como ninguém escapar às amarras do controle no trabalho, na vida doméstica, no trato pessoal e na vida afetiva. O chefe mandão e o marido prepotente, o amigo travestido de líder ou o chefe de ocasião têm convivência curta com a sagitariana.

Os processos mentais desta filha do Centauro podem parecer, às vezes, um pouco confusos e o são realmente. Ela freqüentemente confunde intenções e não vê com clareza o que dela se pretende. Por confiar excessivamente nas pessoas e por não crer na maldade à sua volta, é um ser ingênuo e crédulo que leva um longo tempo para aprender a se defender contra isso.

O que em qualquer outra pessoa poderia parecer defeito, na nativa do signo se transforma em qualidade e lhe dá uma aura de pureza que ela, sem o saber, ainda amplia com seu ar de ingenuidade e inocência.

A maneira de ser da sagitariana reflete com exatidão o que ela é. Difícil, quase impossível, é para a nativa do signo fingir o que não é. Franca e direta, é responsável por momentos de constrangimento ao dizer claramente o que pensa. Mas ninguém pode dizer que não sabe com quem trata, quando se relaciona com essa mulher extraordinária.

Ela é distante e indiferente se não leva a sério pessoas e fatos e, habitualmente, revela uma mente brilhante e aguda. Graciosa, com um toque jovial no seu modo de se comportar, às vezes deixa transparecer sua falta de jeito com coisas que exijam destreza manual.

Detesta a fraude e falsidade e não se apega com

facilidade a tarefas tipicamente domésticas. Com os filhos, revela-se a inimitável companheira com que sonham.

É a perfeita anfitriã e dá aos que ama sua lealdade e sua afeição, mostrando-se como alguém em quem eles podem confiar totalmente.

O amor e o sexo em Sagitário

Com uma natureza que é ao mesmo tempo sensível e racional até no amor, os sagitarianos têm qualidades notáveis quando se fala de sentimentos. Reais filhos do elemento fogo, sabem ser expressivos, sinceros, leais e dedicados, embora possessivos e ciumentos.

Para eles, o relacionamento existirá enquanto houver afeto. Isso vai determinar o tempo em que o envolvimento do nativo ou da nativa será moralmente válido e aceitável. O sagitariano só considera seu compromisso existente e válido se ele for cercado de afetividade e de querer. Se entender que está terminado o relacionamento, será bastante franco em expor o que sente antes de se dar a uma aventura. Para ele, não há conceito de traição. Esta qualidade o distingue dos demais signos e faz dos filhos do Centauro pessoas ideais para com elas se relacionar.

Ardentes em se tratando de sexo, consideram a relação física quase um esporte a se praticar com uma alegria e entrega que os faz ainda mais expressivos e participantes.

O sagitariano típico ou a sagitariana digna de seu signo amam as novidades também no amor, e a inventividade sempre está presente na vida mais íntima de um casal em que haja um deles.

Com seu ideal sempre posto nas alturas, o sagitariano idealiza o amor da forma mais romântica possível e tudo faz para materializar os seus mais entranhados sonhos de ternura e para que seu relacionamento afetivo se cerque desse clima que os motiva. É nesse relacionamento que se revela o mais livre e inventivo dos amantes.

Não são os sagitarianos imunes a desilusões amorosas, especialmente quando mais jovens, ainda imaturos afetivamente. Mas, ao longo de sua vida, sempre vem a lembrança do primeiro e grande amor que lhes marcou a alma e o corpo. Ainda que nunca a ele se refira, o sagitariano ou a sagitariana o têm guardado em velhos álbuns de retratos, em amareladas cartas e, mais que isso, na eternidade do próprio coração.

Seu pouco ciúme deriva da sua ânsia pela liberdade. Por julgar que o amor é via de mão dupla, em que o que vale para um é também admissível para o outro, os sagitarianos quase nunca manifestam esse sintoma da insegurança afetiva. E inseguros eles jamais são. Na verdade, têm o ciúme mais como uma ameaça à sua própria liberdade do que como desconfiança da fidelidade do parceiro.

No amor, estabelecem rigorosos critérios seletivos. A escolha do parceiro ou da parceira sempre demanda uma lenta maturação, pois não é o nativo um promíscuo ou alguém dado a muitas relações afetivas simultâneas.

A ordem que confere ao seu mundo vale também para o campo afetivo, pois, do contrário, ser-lhe-ia difícil até mesmo separar os nomes daqueles com quem se dá, tantos são os amigos, namorados e admiradores. E o sagitariano ou a sagitariana típicos odeiam a desordem afetiva e a complicação que dela decorre.

Pouco caseiro ou afeito a tarefas do lar, o nativo do signo busca com sua vida afetiva momentos de partilha e convivência, fazendo com que seus relacionamentos dessa natureza ocorram entre amigos e colegas com muita freqüência. Mesmo assim, ele sempre é muito discreto em relação aos seus sentimentos. O companheirismo faz parte da sua vida sentimental e afetiva, de forma muito acentuada.

O coração e os sentimentos têm um papel determinante na vida do nativo do signo. Se infeliz no amor, o é também nos demais campos de sua vida. Se realizado, transfere para os que o cercam essa aura de felicidade. Mas, com ele, os fracassos têm pouca duração e são de curta memória.

As combinações de Sagitário no amor

Quais são os signos mais compatíveis entre si? A pergunta que mais se faz quando se trata de astrologia poderia ter uma resposta simples e direta: todos os signos têm elementos compatíveis e todos nós, seres humanos, temos, em nosso em nosso mapa astral, elementos de outros signos.

Apesar disso, existem algumas pequenas diferenças que, no relacionamento amoroso, assumem caráter maior ou menor, dependendo da forma como reagimos aos fatos. Muitas vezes, a agressividade de um é bem recebida pelo outro parceiro, enquanto em outra situação um dos parceiros poderá reagir duramente a esse mesmo elemento.

No caso de Sagitário, signo do período de 22 de novembro a 21 de dezembro, o primeiro ponto a se levar em conta é a compatibilidade de elementos. Se os nativos que buscam a convivência tiverem predominância de elementos compatíveis em seus signos solar, ascendente e lunar, terão maior chance de conviver bem. Sagitário é um signo do elemento fogo e, para ele, valem as equações: fogo + fogo + fogo ou fogo + fogo + ar ou ainda fogo + ar + ar. Por elas, há uma chance bem maior de acerto no relacionamento afetivo.

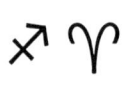

Sagitário + Áries Uma combinação que tem signos com o mesmo elemento, o fogo, mostra uma afinidade incomum. Ambos partilham do senso criador, da exuberância que faz do romance um momento único do relacionamento que só esbarra na busca de novidades arietina e na ânsia sagitariana por liberdade. Na maturidade, ambos se aproximam bastante e tornam o amor um momento único de vida e permanência.

Sagitário + Touro Este relacionamento promete muito em termos de amizade ou de negócios, mas quando há envolvimento emocional a paixão tende a destacar as diferenças entre ambos, que são marcantes. O ciúme e a possessividade de Touro pouco ou nada se coadunam com a noção de liberdade e a busca por aventura de Sagitário. Há que se ter muita vontade e submissão para o sucesso da relação.

Sagitário + Gêmeos A combinação entre a exuberância do fogo e a fácil combustão do ar conduz sempre a um relacionamento correto e muito feliz, especialmente quando os dois procuram na vida os mesmos objetivos e têm gostos comuns, o que acontece com Gêmeos e Sagitário. Mas a tendência à infidelidade geminiana tem que ser contida para não agredir os rígidos princípios de fidelidade sagitariana. Assim, tudo será muito benéfico.

Sagitário + Câncer O comodismo e o conservadorismo cancerianos são obstáculos grandes demais para que o sagitariano os suporte por tempo maior que o de uma paixão. Para os nativos do signo do Centauro, tolerar todo o metódico e caseiro comportamento de Câncer torna-se sacrifício que não garante longevidade ao amor. Melhor que ambos sejam amigos e se realizem nos negócios ou interesses materiais.

Sagitário + Leão Os dois signos, pela similaridade dos elementos essenciais ao seu temperamento, são muito próximos e têm boa condição de manter um relacionamento que só não terá êxito e duração pelo autoritarismo e o sentido de domínio de Leão ou pela precipitação de ambos. Se isso for controlado, tende o relacionamento a durar e marcar, especialmente quando os dois têm maior maturidade.

Sagitário + Virgem O detalhismo de Virgem e seu sentido de ordem e realismo são elementos que sempre atraem de forma muito intensa os nativos de Sagitário. Estes, que são habitualmente desordenados, apressados e livres, admiram de forma profunda a organização típica de Virgem. Mas o que hoje é admiração pode se transformar em elemento de conflitos e problemas no futuro. A relação pode ser duradoura, se a mulher for de Sagitário.

Sagitário + Libra Aqui também a combinação de elementos é muito importante. Fogo e ar são dotados de grande afinidade por elementos essenciais a si mesmos. Em qualquer circunstância, estarão próximos e terão em comum muitos dos elementos básicos de suas existências, entre eles o senso de justiça. A busca do equilíbrio que move Libra será satisfeita por Sagitário também nas emoções e no amor.

Sagitário + Escorpião Um relacionamento entre dois signos tão expressivos tende a levar à paixão e a um amor que se realiza nos sentidos, no sexo e numa permanente descoberta. Há que se cuidar do ciúme e da possessividade escorpianos, fatores que podem se chocar com a noção de independência do sagitariano ou da sagitariana. O relacionamento será mais próximo se ambos tiverem interesses materiais comuns.

Sagitário + Sagitário A combinação de duas pessoas do mesmo signo remete habitualmente a um entendimento e a uma combinação favoráveis. Mas, no caso de Sagitário, não é o que acontece comumente. A essência do nativo leva a choques e conflitos que dificilmente são superados, pois ambos tenderão a buscar a afirmação pela liberdade. Disso resulta competição que leva a desacertos e ao distanciamento.

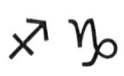

Sagitário + Capricórnio A complementação de temperamentos e a diversidade de interesses em que ambos se envolvem em um relacionamento afetivo resulta numa acertada combinação, rara e muito singular. Sagitário encontra em Capricórnio aquilo que mais lhe falta. Na vivência, ganha em organização, firmeza e determinação. No amor, isso se traduz em uma troca, na qual Capricórnio recebe sociabilidade e bom humor e Sagitário ganha em ordem.

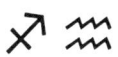

Sagitário + Aquário Se amor pode se dar bem com liberdade, esta é a mais indicada das relações. Ambos são avançados e livres em conceitos e valores, o que os aproxima fortemente, fazendo da relação afetiva uma festa permanente e um comemorar de acertos e coincidências. O que manterá a relação é a vontade e a determinação de ambos em viver o amor. Sem isso, ela tende a se esvair em um distanciamento doloroso.

Sagitário + Peixes Receptivo e influenciável, Peixes encarna de forma notável o companheiro ideal do sempre combativo Sagitário. Isso gera um relacionamento afetivo muito compensador em termos sentimentais, que se baseará sempre numa forma muito própria dos dois em combinar interesses. Externamente, o humanitarismo será o traço comum a ambos e, na intimidade, a confiança e o companheirismo.

A saúde e o sagitariano

Regente, no corpo humano, das coxas, da uretra, da parte inferior da coluna cervical, das vértebras lombares e sacras e do cóccix, Sagitário tem também, segundo as tradições da astrologia, um papel importante na saúde dos membros inferiores.

Seu temperamento livre e amante dos esportes e da vida junto à natureza lhe dá elementos bastante positivos para que tenha uma boa saúde.

Dizem os mais antigos analistas da astrologia que a própria significação da regência de Sagitário sobre as coxas e pernas dos seres humanos vem da mobilidade a que os nativos do signo se dão e representa a transformação do centauro em ser bípede, um andarilho em busca da aventura.

Na natureza, o signo simboliza a maturação do fim do outono no hemisfério norte, quando a planta, livre dos seus frutos, caminha para a fria preparação do amanhã, enfrentando os rigores do inverno. No hemisfério sul, com o fim da primavera e o próximo calor e maturação do verão, pode-se dizer que os sagitarianos se dão bem com alimentação natural e técnicas da fitoterapia.

Seus pontos fracos, em termos físicos, ligam-se ao sistema circulatório e a problemas com a área que o signo governa no corpo, especialmente reumatismo, ciática e flebite. Não raro, tem problemas pulmonares e respiratórios.

Normalmente, é resistente às doenças e mostra

uma capacidade de recuperação muito grande quando acometido de qualquer mal. Pesquisas mais recentes apontam a freqüência com que Sagitário enfrenta problemas de funcionamento das glândulas supra-renais e, em razão disso, se sujeita a casos de hipertensão. A enxaqueca também não é desconhecida, principalmente para as mulheres do signo.

Na fitoterapia, as principais indicações para os nativos são o chá de arruda (*Ruta graveolens* ou *Ruta montana*) ou de guaco (*Mikania guaco*) e os banhos com infusão de folhas novas do cipó-d'alho (*Seguiera alliacea*), além da manjerona (*Origanum hortensis*) para os casos de reumatismo.

Nos casos de problemas circulatórios, aconselha-se o chá de hortelã (*Mentha piperita*). A dieta do nativo deve conter bastante fibra e legumes. Frutas são essenciais para o sagitariano, que deve sempre beber muita água durante o dia. Seu sal mineral é o óxido de silício.

O trabalho sagitariano

A harmonia do Centauro representada no signo dá aos sagitarianos, quando se trata de profissão, carreira e trabalho, a versatilidade típica dos nascidos em signo do fogo. Uma versatilidade que é temperada com a característica do nativo de ser mestre de tudo o que faz.

Ele é talhado para aprender, aprimorar, desenvolver e repassar o que sabe e conhece, num processo que lembra bastante seus ideais de atingir a perfeição para o mundo em torno de si.

Esse tipo de comportamento em relação a sua ocupação habitual com o trabalho e profissão deriva de uma constante busca pelo desenvolvimento interior e pelo aprimoramento de seu caráter e conhecimento, metas que ele quase que de forma instintiva se impõe.

É o típico filho do Centauro, um profissional de interesse bastante diversificado em relação às carreiras que vem a abraçar ao longo da vida. Capaz, estudioso e interessado, sabe usar de sua curiosidade para fazê-la um aprendizado e acumular eficiência.

O sagitariano não se apega a tarefas e ocupações excessivamente repetitivas ou presas à rotina. Mutável, nem sempre se revela fiel a uma primeira escolha em termos profissionais. Muitos dos nativos trocam de trabalho diversas vezes, até que se acertem com uma carreira que os conduza à almejada aposentadoria, meta que vêem como a oportunidade de alcançar a sonhada liberdade.

Dono de forte potencial criador, necessita ter no trabalho liberdade de expressão e de criação. Isso se vê até mesmo nos métodos que o nativo emprega para o desempenho de suas obrigações. Ele não se sujeita facilmente aos manuais excessivamente rigorosos na fixação de métodos e sistemas. É muito inventivo e adora inovar. Ao longo de sua vida profissional, busca avidamente o aprimoramento. O fracasso ou a incompetência o assustam e desestruturam.

Ele não é um operoso trabalhador de desempenho sempre igual. Para o sagitariano, há também no trabalho fases de maior inspiração e, conseqüentemente, de maior produtividade. Por ser de um signo da trindade reprodutora, tem boa capacidade de supervisão e coordenação.

Nos tipos menos evoluídos do signo, suas qualidades aparecem com mais lentidão, e eles só se mostram eficientes se fazem aquilo de que realmente gostam. Já em relação ao sagitariano mais bem-dotado, isso não ocorre, pois ele desempenha tudo com capacidade tal que se destaca no campo que abraça.

O nativo pode adquirir fortuna ao longo de sua vida, pois lida bem com dinheiro e bens. Realiza-se profissionalmente após longo tempo de exercício das suas funções e isso acontece com aquelas que ele escolhe para alcançar realização pessoal.

Ao longo de sua carreira busca sempre postos mais altos e maior conhecimento, dispondo-se a cursos e reciclagem sem se insurgir, desde que convencido que eles o guardarão na sua trajetória profissional.

Apesar da distinção entre dois tipos de sagitariano — um mais voltado para atividades de caráter físico e outro mais intelectualizado —, na verdade, ambos se encontram em todo nativo, que os mostra em épocas distintas de sua vida operosa. O trabalhador de dotes físicos invejáveis de hoje pode ser o planejador pensativo de amanhã, desde que o trabalho lhe dê condições e compensações para tanto.

Comumente, o sagitariano tem mais de uma fonte

de renda e se dedica a tarefas variadas ou complementares àquela que é sua atividade principal e ocupação de maior rendimento. Revela-se, quando bem motivado, excelente monitor e condutor de grupos de trabalho, desde que as tarefas a ele atribuídas não sejam rotineiras e previsíveis.

A associação do sagitariano é boa com o próprio signo, com o que lhe é oposto, sêxtil ou trino, como Aquário, Áries, Gêmeos, Leão e Libra. Na astrologia mundana, a regência de Sagitário se dá sobre igrejas, escolas, tribunais, editoras, agências de viagem e tudo o que se relacionar a essas atividades.

FATORES DE COMPENSAÇÃO PROFISSIONAL

- Tarefas que apresentem diversidade de objetivos e oportunidades de criação e inovação.
- Oportunidades para crescimento e aprimoramento tanto pessoal quanto profissional.
- Reconhecimento claro e expresso pelos seus êxitos e orientação, não admoestação pelos fracassos.
- Funções que o coloquem em contato com a natureza ou ambientes claros e abertos.
- Atividades de boa mobilidade e que incluam viagens e locais novos ou desconhecidos.

CAMPOS PROFISSIONAIS MAIS INDICADOS

Magistério, pesquisa, diplomacia, magistratura, tradução e lingüística, teologia e carreiras religiosas, literatura, fotografia, pintura, psicologia, negócios empresariais no meio rural, criação de animais, turismo, comissariado de bordo, esporte, botânica, arqueologia e antropologia.

Os muitos signos nos decanatos de Sagitário

A divisão do signo de Sagitário em três decanatos, como acontece com os demais signos, nos dá tipos diferenciados de nativo. O primeiro deles sofre influência determinante do signo anterior, Escorpião. Os nascidos no segundo decanato revelam um temperamento típico e puro do signo. E, finalmente, os do terceiro decanato absorvem a influência do signo seguinte, Capricórnio, mesclando suas características com as de seu próprio signo.

TIPO SAGITÁRIO-ESCORPIÃO — DE 22 DE NOVEMBRO A 1º DE DEZEMBRO

Regência Júpiter-Mercúrio ♃ ☿ Quem nasce entre 22 de novembro e 1º de dezembro mostra um temperamento curioso, que o faz um ser bem diverso do sagitariano típico. É um aplicado estudioso, porém é dado a rasgos de entusiasmo que podem chegar a explosões de violência incomuns num signo que preza tanto a tranqüilidade e a harmonia.

É criador ao extremo e um crente que pode ser levado ao fanatismo em situações extremadas. Mas é sempre um sagitariano generoso em tudo, capaz de gestos de desprendimento notáveis ao longo de sua vida. Freqüentemente se dá a atividades assistenciais e nelas busca integrar-se de corpo e alma.

Viajante do zodíaco, adora mudar de paisagem e de ambiente e não poupa críticas a tudo o que merecer seu reparo. Mesmo assim, age com uma inocência que chega a espantar quando revela seus pensamentos.

Intuitivo, faz desse dom um elemento de vantagem nos seus relacionamentos pessoais. A curiosidade criadora está presente em seu temperamento ciumento e possessivo.

É pouco discreto, alardeando sempre o que pensa, o que quer e o que imagina a respeito de tudo e todos. Isso pode criar-lhe embaraços no relacionamento com as pessoas.

Idealista, é o propagador de idéias, cultos e de tudo aquilo em que crê.

TIPO SAGITÁRIO-PURO — DE 2 A 11 DE DEZEMBRO

Regência Júpiter-Lua ♃ ☽ A franqueza para ele não tem limites, e isso aparece em um comportamento que busca a justiça e a integridade como metas de vida. Assim é o nativo do segundo decanato de Sagitário, o tipo sagitariano-puro, que nasce entre 2 e 11 de dezembro e revela em seu comportamento uma forte integração à natureza, refletindo o próprio símbolo de seu signo, o mítico Centauro: metade homem, ser racional, e metade cavalo, lembrando a força da natureza.

Tolerante, compreensivo, honesto e cheio de entusiasmo pela vida, ele tem seu ponto fraco ao se considerar, como os demais companheiros de elemento, o dono exclusivo da verdade. Com isso, é dado a certos exageros.

Na vida sentimental, padece do "complexo de Diana", um comportamento que o leva a dar-se todo à conquista para, depois, abandonar o alvo de suas atenções. Seu idealismo o aproxima de seitas exóticas e de crenças diferentes das usuais. E, no campo do misticismo, chega a ter lampejos de profetização verdadeiramente notáveis.

Otimista, como todo nativo de signo de fogo, o sagitariano-puro é brusco em algumas reações, tornando-se irascível com o passar do tempo.

Em sua vida, mantém uma luz especial que o distingue dos demais seres humanos.

TIPO SAGITÁRIO-CAPRICÓRNIO — DE 12 A 21 DE DEZEMBRO

Regência Júpiter-Saturno ♃ ♄ A indolência não é palavra que lhe diga respeito. Trabalhador e determinado, o sagitariano que nasce entre 12 e 21 de dezembro absorve, no terceiro decanato, forte influência do signo do melhor trabalhador do zodíaco, Capricórnio.

Aliando sua necessidade constante de estudo e aprimoramento, ele canaliza seu entusiasmo na busca de ideais de vida que, às vezes, são quase inalcançáveis ou utópicos. Mas luta por obtê-los até o seu último sopro de vida.

É um ser cheio de humor e de vontade de viver, com forte atração pela natureza e pela ecologia. Reflete, em sua estrutura mental, aspectos inafastáveis de seu próprio signo natal, como a honestidade e a pureza de princípios, o que, aliado ao sentido de construção responsável e à determinação do signo seguinte, o faz uma pessoa extremamente responsável e dedicada.

A franqueza deste nativo atinge graus exagerados por combinar também a atração capricorniana pelo mando e poder. Com isso, ele se julga sempre acima dos conceitos comuns.

Suas explosões de humor são moderadas e temperadas pela boa visão do futuro e por seu senso de proporção. Estes dons fazem-no avaliar bem o que será seu amanhã. A prudência aparece neste nativo, ainda que de forma tímida, mas isso só o torna mais cuidadoso e firme em suas decisões e metas.

É um ser humano confiável, seguro e muito rígido em seus conceitos éticos.

Capítulo 4

O Temperamento

O ascendente revela os seus segredos

O que, para os leigos, é um intrigante "signo ascendente", para os mais versados em astrologia é um dos principais elementos da análise de características de uma pessoa. Aos poucos, esse dado vai ganhando importância muito grande para os que se interessam pelo estudo da influência astral sobre o ser humano, na mesma medida de sua significação para os especialistas na matéria.

Signo do "eu" real, do temperamento que temos em nossa vida adulta, o ascendente é determinado pelo planeta que se elevava no céu — daí seu nome, ascendente — na hora exata do nascimento de uma pessoa.

Primeira casa do mapa zodiacal pessoal do ser humano, o ascendente é calculado com base no exato instante do nascimento, quando o ser humano, ao vir à luz, inspira pela primeira vez e toma contato, pelo oxigênio que lhe infla os pulmões, com o mundo a sua volta, desligando-se do útero materno.

Isso mostra a importância de se descobrir o momento mais exato em que tal fato ocorreu. Para entender melhor a noção de signo ascendente, devemos ter em conta que, em seu movimento de rotação, a Terra percorre ao longo das 24 horas do dia os 12 signos do zodíaco e, a cada duas horas aproximadamente, ocorre a mudança do signo que sobe no chamado "horizonte oriental", onde nasce o Sol.

A presença desse signo em nosso mapa de características determina a base de todo mapa astral, por simbolizar o "eu" real, instintivo, oculto e determinante de nossos impulsos e motivações interiores.

É o nosso temperamento, a forma real de nos comportarmos e aquela que a cultura oriental classifica de "personalidade do coração". Se o nosso signo solar revela nossa individualidade, a nossa forma inconsciente de ser é determinada exatamente por esse signo complementar, o ascendente.

É a combinação desses dois signos que faz da pessoa uma individualidade distinta e mostra que, mesmo nascendo em um mesmo signo, duas ou mais pessoas serão em sua vida bem diferentes ao somarem elementos distintos de suas características.

Com base nesse estudo e na determinação do signo que rege a personalidade interior da pessoa, vamos ter alguns dados que complementam a análise sobre nossa maneira de ser e reagir diante do mundo.

Cláudia Hollander, um dos maiores nomes da astrologia na América Latina, afirma que "o ascendente, ou casa um, é a constituição física, o caráter e o temperamento fundamental" de uma pessoa. E afirma ainda que o nosso signo solar, este que todos conhecemos e que nos é dado pelo dia e mês do nascimento, "é o nosso eu manifesto, nossa vontade consciente e assumida, mas as motivações mais profundas e inconscientes, impulso básico da personalidade", estão no ascendente que se associa ao momento da vinda da pessoa à vida extracorpórea no exato instante em que nascemos e começamos a respirar com força própria.

Por isso, determinar corretamente o ascendente é muito importante em qualquer estudo sobre nossas características e forma de usá-las em proveito de nosso cotidiano.

Como calcular o ascendente

Para encontrar o signo ascendente, é preciso que se conheça, da forma mais exata possível, o momento do nascimento. De posse da hora e minuto, dia, mês e ano, como primeiro passo, deve-se verificar na Tabela 1 se nesse período vigorava o horário de verão para a cidade onde ocorreu o nascimento. Nesta tabela, estão listados os locais e ocasiões em que, no Brasil, os relógios foram adiantados em uma hora.

Se o nascimento se deu em um dos períodos de vigência do horário de verão, a pessoa deve, como primeiro cuidado, proceder à subtração de uma hora no horário de nascimento que consta em seus documentos.

Assim, por exemplo, se uma pessoa nasceu na região Sudeste, no dia 2 de fevereiro de 1965, às

18h30, quando vigorava o horário de verão, todo o cálculo do Ascendente deverá ser feito com a subtração inicial de uma hora no horário registrado na certidão de nascimento ou de batismo. Assim, o horário real para o local de nascimento da pessoa deste exemplo será 17h30.

Feito o ajuste quanto ao horário de verão, deverão ser seguidos os seguintes passos para se encontrar o momento em que foi determinado o ascendente.

1º passo — Uma vez conhecidos o horário real e o local onde a pessoa nasceu é preciso determinar a "hora local" do nascimento, um procedimento simples, que indicará, com as correções em minutos para aquele ponto específico do país, a hora-base de todo o cálculo. Para isso, utiliza-se a Tabela 2, em que figuram a correção e a latitude em graus das capitais dos estados brasileiros. Para encontrar a hora local de nascimento, primeiramente deve ser feita a correção da hora real e local, somando ou subtraindo o tempo indicado nessa tabela.

Para o exemplo indicado, de pessoa que nasceu às 17h30 do dia 2 de fevereiro de 1965, na cidade do Rio de Janeiro, deverão ser somados, como mostra a Tabela 2, mais sete minutos a esse horário. Dessa forma, obtém-se a hora local de 17h37.

2º passo — De posse da hora local de nascimento, ou seja, 17h37 no exemplo dado, deve-se somar esse número ao da "hora sideral" que se encontra na Tabela 3, para cada dia e mês do nascimento. Para isso, basta cruzar o dia do mês (localizado na coluna vertical à esquerda) com o mês do nascimento (localizado na coluna horizontal à direita). Dessa forma, obtém-se o horário específico, chamado hora sideral. Portanto, no exemplo dado, a hora sideral será 20h49.

Em seguida, deve-se determinar a "hora sideral individual". Nesse caso, soma-se a hora sideral (encontrada na Tabela 3) com a hora local (encontrada no primeiro passo com a Tabela 2). Para o exemplo dado, deve-se, então, somar 20h49 (hora sideral) com 17h37 (hora local). Assim, o resultado obtido é de 37h86.

Convertendo-se os 86 minutos em hora, chega-se ao resultado de 38h26. Como esse número é superior às 24 horas do dia, é preciso subtrair dele 24 horas, o que determina a hora sideral individual de 14h26.

Esse é o horário que vai determinar o ascendente e é a hora sideral individual de nascimento da pessoa do exemplo. Se o número encontrado na soma da hora local com a hora sideral da Tabela 3 fosse inferior a 24 horas, não haveria a subtração de 24 horas e se passaria direto ao cálculo do ascendente, como explicado no passo seguinte.

3º passo — Conhecida a hora sideral individual de nascimento, deve-se voltar à Tabela 2 para que seja encontrado o grau de latitude sul que vale para o local de nascimento. Nessa tabela, estão indicados os graus de latitude de cada uma das capitais brasileiras.

No exemplo dado, a pessoa nasceu no Rio de Janeiro, cidade que se situa a 23 graus de latitude sul. Na Tabela 4, estão relacionados, na parte superior, os graus diferentes que prevalecem em nosso cálculo.

Determinado o grau mais próximo daquele da cidade em que a pessoa nasceu, deve-se percorrer a Tabela 4, de cima para baixo, na coluna desse grau, até se encontrar a hora sideral individual do nascimento.

À esquerda na tabela, figura o signo ascendente. No exemplo dado, para a pessoa que nasceu no Rio de Janeiro (23 graus) e tem a hora sideral de 14h26 o signo ascendente é Câncer, que prevalecia para o Rio de Janeiro, entre 13h10 e 14h39.

Tabela 1 — Horário de Verão

Períodos em que foi adotado no Brasil o horário de verão, de acordo com os decretos do governo federal que mudam a hora legal em diversas regiões.

03.10.1931 às 11h até 31.03.1932 às 24h	15.10.1989 à 00h até 10.02.1990 às 24h[4]
03.10.1932 à 00h até 31.03.1933 às 24h	21.10.1990 à 00h até 16.02.1991 às 24h[5]
01.12.1949 à 00h até 15.04.1950 às 24h	20.10.1991 à 00h até 09.02.1992 à 00h[5]
01.12.1950 à 00h até 31.03.1951 às 24h	25.10.1992 à 00h até 30.01.1993 às 24h[5]
01.12.1951 à 00h até 31.03.1952 às 24h	17.10.1993 à 00h até 19.02.1994 às 24h[6]
01.12.1952 à 00h até 28.02.1953 às 24h	16.10.1994 à 00h até 18.02.1995 às 24h[5]
23.10.1963 à 00h até 01.03.1964 às 24h[1]	15.10.1995 à 00h até 10.02.1996 às 24h[7]
09.12.1963 à 00h até 01.03.1964 à 00h[2]	06.10.1996 à 00h até 15.02.1997 às 24h[8]
31.01.1965 à 00h até 31.03.1965 às 24h	06.10.1997 à 00h até 01.03.1998 à 00h[8]
01.12.1965 à 00h até 31.03.1966 à 00h	11.10.1998 à 00h até 20.01.1999 às 24h[8]
01.11.1966 à 00h até 28.02.1967 às 24h	03.10.1999 à 00h até 26.02.2000 às 24h[8]
01.11.1967 à 00h até 29.02.1968 às 24h	08.10.2000 à 00h até 17.02.2001 às 24h[9]
02.11.1985 à 00h até 14.03.1986 às 24h	14.10.2001 à 00h até 16.02.2002 às 24h[10]
25.10.1986 à 00h até 13.02.1987 às 24h	03.11.2002 à 00h até 16.02.2003 às 24h[11]
25.10.1987 à 00h até 06.02.1988 às 24h	19.10.2003 à 00h até 14.02.2004 às 24h[12]
16.10.1988 à 00h até 28.01.1989 às 24h[3]	

[1] O horário de verão foi decretado apenas para SP, RJ, MG e ES.
[2] Válido em todo o território nacional.
[3] Todo o país, exceto os estados do AC, AM, PA, RR, RO e AP.
[4] Regiões Sul, Sudeste, Centro-Oeste, Nordeste, no estado de TO e nas ilhas oceânicas.
[5] Válido nos estados de SC, RS, PR, SP, RJ, ES, MG, GO, MS, BA, MT e no DF.
[6] Regiões Sul, Sudeste, Centro-Oeste, nos estados da BA, AM e no DF.
[7] Regiões Sul, Sudeste, Centro-Oeste, nos estados da BA, SE, AL e TO.
[8] Válido nos estados de RS, SC, PR, SP, RJ, ES, MG, BA, GO, MT, MS, TO e no DF.
[9] Válido nos estados de RS, SC, PR, SP, RJ, ES, MG, GO, MT, MS, TO, BA e no DF.
[10] Válido nos estados de RS, SC, PR, SP, RJ, ES, MG, GO, MT, MS, TO, BA, SE, AL, PE, PB, RN, CE, PI, MA e no DF.
[11] Válido nos estados de RS, SC, PR, SP, MG, RJ, ES, MS, MT, GO, DF, TO e BA.
[12] Válido nos estados de RS, SC, PR, SP, MG, RJ, ES, MS, GO e no DF.

Tabela 2 — Correção Horária e Latitudes em Graus das Capitais Brasileiras

Cidade	Correção horária	Latitude
Aracaju (SE)	+ 32 min	10°
Belém (PA)	− 14 min	2°
Belo Horizonte (MG)	+ 4 min	19°
Boa Vista (RR)	− 3 min Norte	3° Norte
Brasília (DF)	− 12 min	15°
Cuiabá (MT)	+ 16 min	15°
Curitiba (PR)	− 17 min	25°
Florianópolis (SC)	− 14 min	28°
Fortaleza (CE)	+ 26 min	3°
Goiânia (GO)	− 17 min	16°
João Pessoa (PB)	+ 40 min	7°
Macapá (AP)	− 24 min	0° Equador
Maceió (AL)	+ 37 min	9°
Manaus (AM)	00 min	3°
Natal (RN)	+ 39 min	5°
Palmas (TO)	− 17 min	11°
Porto Alegre (RS)	− 25 min	30°
Porto Velho (RO)	− 16 min	9°
Recife (PE)	+ 40 min	8°
Rio Branco (AC)	+ 29 min	10°
Rio de Janeiro (RJ)	+ 7 min	23°
Salvador (BA)	+ 26 min	13°
São Luís (MA)	+ 3 min	3°
São Paulo (SP)	− 6 min	23°
Teresina (PI)	+ 9 min	5°
Vitória (ES)	+ 19 min	20°

Tabela 3 — Hora Sideral

DIA	JAN	FEV	MAR	ABR	MAI	JUN	JUL	AGO	SET	OUT	NOV	DEZ
1	18h42	20h45	22h39	0h41	2h39	4h42	6h36	8h38	10h40	12h40	14h41	16h40
2	18h46	20h49	22h43	0h45	2h43	4h46	6h40	8h42	10h44	12h44	14h45	16h43
3	18h50	20h53	22h47	0h49	2h47	4h50	6h44	8h46	10h48	12h48	14h49	16h47
4	18h54	20h57	22h51	0h53	2h51	4h54	6h48	8h50	10h52	12h52	14h53	16h51
5	18h58	21h00	22h55	0h57	2h55	4h57	6h52	8h54	10h56	12h55	14h57	16h55
6	19h02	21h04	22h59	1h01	2h59	5h01	6h56	8h58	11h00	12h58	15h01	16h59
7	19h06	21h08	23h03	1h05	3h03	5h05	7h00	9h02	11h04	13h02	15h05	17h03
8	19h10	21h12	23h07	1h09	3h07	5h09	7h04	9h06	11h08	13h06	15h09	17h07
9	19h14	21h16	23h11	1h13	3h11	5h13	7h08	9h10	11h12	13h10	15h13	17h11
10	19h18	21h20	23h14	1h17	3h15	5h17	7h12	9h14	11h16	13h14	15h17	17h15
11	19h22	21h24	23h18	1h21	3h19	5h21	7h15	9h18	11h20	13h18	15h21	17h19
12	19h26	21h28	23h22	1h25	3h23	5h25	7h19	9h22	11h24	13h22	15h24	17h23
13	19h30	21h32	23h26	1h29	3h27	5h29	7h23	9h26	11h28	13h26	15h28	17h27
14	19h34	21h36	23h30	1h32	3h31	5h33	7h27	9h30	11h32	13h30	15h32	17h31
15	19h38	21h40	23h34	1h36	3h35	5h37	7h31	9h33	11h36	13h34	15h36	17h34
16	19h42	21h44	23h38	1h40	3h39	5h41	7h35	9h37	11h40	13h38	15h40	17h38
17	19h46	21h48	23h42	1h44	3h43	5h45	7h39	9h41	11h44	13h42	15h44	17h42
18	19h49	21h52	23h46	1h48	3h47	5h49	7h43	9h45	11h48	13h46	15h48	17h46
19	19h53	21h56	23h50	1h52	3h50	5h53	7h47	9h49	11h52	13h50	15h52	17h50
20	19h57	22h00	23h54	1h56	3h54	5h57	7h51	9h53	11h55	13h54	15h56	17h54
21	20h02	22h04	23h58	2h00	3h58	6h01	7h55	9h57	11h58	13h58	16h00	17h58
22	20h06	22h08	0h02	2h04	4h02	6h05	7h59	10h01	12h02	14h02	16h04	18h02
23	20h10	22h12	0h06	2h06	4h06	6h09	8h03	10h05	12h06	14h06	16h08	18h06
24	20h14	22h16	0h10	2h12	4h10	6h13	8h07	10h09	12h10	14h10	16h12	18h10
25	20h18	22h20	0h14	2h16	4h14	6h17	8h11	10h13	12h14	14h14	16h16	18h14
26	20h22	22h24	0h18	2h20	4h18	6h21	8h15	10h17	12h18	14h18	16h20	18h18
27	20h26	22h27	0h23	2h24	4h22	6h24	8h19	10h21	12h22	14h22	16h24	18h22
28	20h30	22h31	0h26	2h28	4h26	6h28	8h23	10h25	12h26	14h26	16h28	18h26
29	20h33	22h35	0h30	2h32	4h30	6h32	8h26	10h29	12h30	14h29	16h32	18h30
30	20h37		0h34	2h36	4h34	6h36	8h30	10h33	12h36	14h33	16h36	18h34
31	20h41		0h37		4h38		8h34	10h37		14h37		18h38

Tabela 4 — Signo Ascendente

	lat. 5°	lat. 10°	lat. 15°	lat. 20°	lat. 25°	lat. 30°	
das	06:00	06:00	06:00	06:00	06:00	06:00	Áries
às	07:59	08:04	08:09	08:14	08:19	08:24	
das	08:00	08:05	08:10	08:15	08:20	08:25	Touro
às	09:59	10:09	10:19	10:29	10:39	10:49	
das	10:00	10:10	10:20	10:30	10:40	10:50	Gêmeos
às	12:19	12:29	12:39	12:49	12:59	13:09	
das	12:30	12:40	12:50	13:00	13:10	13:10	Câncer
às	13:39	13:54	14:09	14:24	14:39	14:54	
das	13:40	13:55	14:10	14:25	14:40	14:55	Leão
às	15:39	15:49	15:59	16:09	16:19	16:29	
das	15:40	15:50	16:00	16:10	16:20	16:30	Virgem
às	17:59	17:59	17:59	17:59	17:59	17:59	
das	18:00	18:00	18:00	18:00	18:00	18:00	Libra
às	20:19	20:09	19:59	19:49	19:39	19:29	
das	20:20	20:10	20:00	19:50	19:40	19:30	Escorpião
às	22:19	22:04	21:49	21:34	21:19	21:04	
das	22:20	22:05	21:50	21:35	21:20	21:05	Sagitário
às	23:39	23:29	23:19	23:09	22:59	22:49	
das	23:40	23:30	23:20	23:10	23:00	22:50	Capricórnio
à	01:59	01:49	01:39	01:29	01:19	01:09	
das	02:00	01:50	01:40	01:30	01:20	01:10	Aquário
às	03:59	03:54	03:49	03:49	03:39	03:34	
das	04:00	03:55	03:50	03:45	03:40	03:35	Peixes
às	05:59	05:59	05:59	05:59	05:59	05:59	

As combinações de Sagitário e o ascendente

Elemento fundamental para que se determine o temperamento do nativo, especialmente em sua maturidade, o signo ascendente permite combinações de características dos signos que atenuam ou intensificam influências sobre o nativo.

Por isso, é muito importante a análise combinada desses elementos, para se chegar a um quadro mais realista das características de uma pessoa, levando-se em conta o fato de que o ascendente atua diretamente sobre o "eu" interior, a forma de se expressar diante do mundo e os talentos e tendências que guardamos para nós mesmos.

Daí a importância da consideração do signo ascendente na análise de características, o que deve ser feito com cautela, pois, muitas vezes, uma diferença de poucos minutos pode mudar de forma sensível o cálculo para encontrá-lo, levando a pessoa a erros e comprometendo sua determinação exata.

Tradicionalmente, nos acostumamos a considerar correto e definitivo como nosso horário de nascimento aquele que consta em nossa certidão de registro civil, embora tal dado não seja inteiramente confiável, em razão da tendência de se "arredondarem" os horários.

Essa tendência existe no Brasil, notadamente no interior, e, poucas vezes, as pessoas anotam com exatidão o momento da primeira inspiração que a criança faz ao nascer. Por vezes, se a criança nasce, por exemplo, às 22h32, é registrada como tendo nascido às 22h00. Isso pode levar a um cálculo inteiramente errado do ascendente. Por isso, é importante obter a informação, com pessoas mais íntimas, do exato momento do nascimento, antes da realização desse cálculo.

As combinações do signo solar com o signo ascendente sugerem as seguintes características adicionais para o nativo de Sagitário:

Sagitário com ascendente em:

Áries ♈ Esta combinação de elementos comuns aos dois signos, ambos de fogo, faz com que o entusiasmo e a visão positiva da vida apresentados pelo nativo sejam bem maiores do que é comum nos sagitarianos típicos. Sua ambição é maior e dirigida para objetivos pessoais bem mais elevados, tornando-o um entusiasta e otimista em tudo o que empreende. Inquieto e espontâneo, tem forte necessidade de liberdade o que, também, o faz insubmisso e rebelde em relação à rotina. Sua mente é mais aberta, avançada e livre. No amor, busca variedade e calor.

Touro ♉ A moderadora influência de Touro se faz sentir sobre o sagitariano de uma forma bastante positiva, ampliando muitas das suas qualidades jupiterianas. Para o nativo, o prazer é motivador e sem culpas. Sua busca pelo conhecimento leva-o a só empreender qualquer coisa após dela bem se assenhorar. Tem maior apego a suas origens, casa, história e tradições. Há no sagitariano com esta ascendência forte brilhantismo pessoal e maiores responsabilidade e consciência. É mais calmo, tranqüilo e acomodado, até no amor.

Gêmeos ♊ A influência do signo oposto ao do sagitariano acresce ao seu temperamento alguns elementos que moldam uma personalidade muito fascinante e original. Nela, a curiosidade é ampla, a busca pela variedade e a mudança são fortes e se mostram sempre à procura de interesses variados. O nativo tem forte tendência a acumular tensões, apesar de seu gênio alegre e jovial. Ele apresenta ainda um caráter bastante fantasioso e imaginativo, o que amplia sua capacidade criativa. É um pouco indeciso e valoriza amizades.

Câncer ♋ A fascinação por coisas que se ligam ao passado, a suas próprias tradições e à história representa o ponto mais significativo da influência canceriana sobre Sagitário. Bastante diferentes em suas características, os dois signos completam-se na timidez e no apego à família, que demonstram em grande escala. Seu comportamento é sempre o do voluntarioso sagitariano que busca a mudança e a faz meta de vida. Sujeito a conflitos interiores acentuados, ele se realiza nos filhos e na vida profissional, aos quais se dedica com muita disposição.

Leão ♌ A soma de dois elementos do fogo em um mesmo signo sempre representa o acréscimo de vantagens e características positivas ao nativo. Nesse aspecto, o sagitariano ganha em expressividade, senso dramático, dons de liderança e na ampliação de sua capacidade mental para criar. O entusiasmo e o otimismo se tornam ainda maiores. O lado negativo dessa influência dá-se na intensificação da busca do domínio sobre outras pessoas. O sagitariano ganha em sentido de organização. No amor, mostra-se bastante apegado e inovador.

Virgem ♍ Todo o detalhismo virgiano se transfere, nesta combinação, ao sagitariano que, por si, já é bastante observador. O nativo, porém, passa a apresentar essa característica de forma mais equilibrada e objetiva, acrescentando-lhe maior racionalidade e praticidade. Sua energia básica é a da mente, e o nativo se mostra excessivamente preocupado com o seu cotidiano. O apego à família é ainda mais intenso com maior controle da ânsia por ações mais livres. O nativo com esta ascendência aceita bem o mando e a rotina e, embora trabalhador, não é excessivamente preso à organização. No amor, é apreensivo e recatado.

Libra ♎ Com uma personalidade atraente, dotada de raro carisma, o sagitariano com esta combinação revela otimismo e entusiasmo com a vida. Isso o leva a deixar de lado as preocupações e a buscar o lazer com muito mais vontade e determinação. Seu dom artístico é acentuado, assim como sua necessidade de segurança pessoal e afetiva, que é mais forte que em seus companheiros de signo. Muito sensível, pode ser um crítico mordaz. Seu potencial é muito grande e ele possui a rara capacidade de tornar as pessoas felizes. No amor, é entusiasmado.

Escorpião ♏ A ascendência de Escorpião em Sagitário, pela proximidade, oferece elementos contrastantes acentuados, embora positivos. O nativo é mais firme e seguro no que faz, profundo nos pensamentos e determinado em suas convicções. A sua carga emocional é alta, e ele se debate entre a necessidade de expansão sagitariana e o comedimento escorpiano, o que pode trazer alguns conflitos. Excelente trabalhador, esforçado e dedicado acima da média, é ciumento e possessivo. Tem queda para negócios e ama apaixonadamente.

Sagitário ♐ O duplo sagitariano, como todos os signos que têm como ascendente o próprio signo solar, apresenta defeitos e qualidades bem acentuados. Isso faz do nativo um determinado amante da liberdade e realizador com preocupações sociais amplas. Exageradamente otimista, confia além do razoável. Seu senso místico é forte. Introvertido, tem queda para a filosofia. A necessidade de companhia e partilha é grande nos que nascem na primeira metade do dia. Ao contrário, os que nascem na segunda metade do dia buscam o isolamento. No amor, é dono da verdade.

Capricórnio ♑ Esta influência faz com que o sagitariano mostre um lado quase desconhecido entre seus companheiros de signo: é prudente e comedido em grau bem forte. Seu temperamento é muito mais racional e objetivo, com forte ambição por bens e por construir carreira na profissão. A teimosia é um elemento normal de seu modo de ser. Ele apresenta uma variação de comportamento que o leva, em instantes, do entusiasmo à fria reflexão. É mais fechado e pensativo, embora aberto ao diálogo. No amor, é mais desligado e controlado.

Aquário ♒ Esta é uma combinação que dá ao nativo um caráter bastante original e criativo, no qual podem se manifestar dons artísticos ou uma diferente forma de comportamento diante das convenções. Com um amor pela liberdade quase exagerado, ele tem uma grande abertura mental para novidades. Flexível em grau maior que o sagitariano típico, oscila entre avanços e respeito ao convencional. Evita comprometimento para não sacrificar sua liberdade e, nos seus sentimentos, é um amigo dedicadíssimo; no amor, é muito controlado.

Peixes ♓ Para dois signos que já tiveram o mesmo regente, Júpiter, antes da descoberta de Netuno, a combinação entre os temperamentos se dá com intensidade na sensibilidade pessoal e nos dons de premonição, intuição e misticismo. O seu senso prático é atenuado e seu idealismo o leva muitas vezes a um comportamento fortemente sociável e protetor em relação aos outros. A emotividade manifesta-se na maior parte de seus atos. É indeciso e um pouco influenciável. No amor, tende à auto-suficiência, que pode conduzi-lo a aventuras e mudanças.

Bibliografia

ALVES, Castro. *Espumas flutuantes*. Rio de Janeiro: Ediouro, 1997.
AUSTREGÉSILO, Eliane Lobato. *Como interpretar seu mapa astrológico*. Rio de Janeiro: Tecnoprint, 1981.
BALBACH, A. *As plantas curam*. São Paulo: Edições MVP, 1969.
BECKER, Idel. *Pequena história da civilização ocidental*. São Paulo: Companhia Editora Nacional, 1970.
BENEDETTI, Valdenir. *As quatro estações do homem*. São Paulo: Editora Três, nº 4, nov. de 1986.
——. *Astrologia Hoje*, Todos têm suas fantasias eróticas. São Paulo: Editora Três, nº 5, dez. de 1988.
BISHOP, Jim. *O dia em que Lincoln foi assassinado*. Rio de Janeiro: Record, 1983.
BISHOP, Jim, LACERDA, Carlos. *Esta noite vou matar Lincoln*. Rio de Janeiro: Reader's Digest, v. 6, 1958.
CHANDU, Jack F. *Os signos do zodíaco*. Lisboa: Editorial Presença/Martins Fontes, 1972. 12 v.
DELORME, Renée Jeane, MIOLLA, Hermes. *A cura pelas plantas*. Porto Alegre: Escola Superior de Teologia São Lourenço de Brindes, 1980.
ENCICLOPÉDIA BARSA. Verbetes diversos. Rio de Janeiro: Encyclopaedia Britannica do Brasil Publicações Ltda., 1980.

ENCICLOPÉDIA DELTA LAROUSSE, Verbetes diversos. Rio de Janeiro: Editora Delta, 1980.

ENCICLOPÉDIA LAROUSSE CULTURAL. São Paulo: Nova Cultural, 1998.

ESTUDOS. East-West Astrology Education Partners. Astrology Overview, Internet Home Page. www.astrologyoverview.com (1998/1999).

ETCHEPARE, Rosa M. D. M. Os signos e o modo de amar. *Astrologia Hoje*, São Paulo: Editora Três, n° 5, dez. de 1986.

FACCIOLLO Neto, Antônio, FACCIOLLO, Vera. *Guia astrológico de bolso*.

INSTITUTO PAULISTA DE ASTROLOGIA. São Paulo: Nova Cultural, 1991.

FREEMAN, Martin. *How to interpret your birth chart*. Nova York: Thorsons Publishing Group, 1981.

GOODMAN, Linda. *Seu futuro astrológico*. 6ª ed. Rio de Janeiro: Record, 1968.

HOLLANDER, Cláudia. Método simplificado para calcular o signo ascendente. *Planeta*, São Paulo: Editora Três, dez. de 1981.

HUNT, Diana. *A astrologia e o amor*. 2ª ed. Rio de Janeiro: Casa Editora Vecchi, 1985.

KERSTEN, Holger. *Jesus viveu na Índia*. São Paulo: Best Seller, 1987.

LAROUSSE CULTURAL, GRANDE ENCICLOPÉDIA. Verbetes diversos. São Paulo: Nova Cultural, 1998.

LEE, Dal. *Dicionário de Astrologia*. Nova York: Coronet Communications, Inc, 1968.

MARCH, Marion, MCEVERS, Joan. *Curso básico de astrologia*. 10ª ed. São Paulo: O Pensamento, 1981. 3° vol.

OKEN, Alan. *Astrologia: evolução e revolução*. Rio de Janeiro. Nova Fronteira, 1973.
PINTONELLO, Aquiles. *Os papas — Síntese histórica*. São Paulo: Paulinas, 1986.
REVISTA ASTRAL. Rio de Janeiro: Rio Gráfica Editora, ano II, nº 2, dez. de 1985.
SAKOIAN, Frances, ACKER, Louis S. *O manual do astrólogo*. São Paulo: Ágora, 1993.
SURBECK, Edwin. *O horóscopo de Jesus*. Editora Esotera. Berlim: 1986
VALADÃO, Alfredo. *Vultos nacionais*. 2ª ed. Rio de Janeiro: Freitas Bastos, 1974.
VÁRIOS AUTORES. *A sua sorte — Astrologia em fascículos*. São Paulo: Nova Cultural, 1985.
VÁRIOS AUTORES. *Curso prático de astrologia* (fascículos). Rio de Janeiro: Globo, 1988.
VÁRIOS AUTORES. *Scuola di astrologia* (fascículos). Roma/Milão. Edições Longanesi & C. Periodici/ Mondadori, 1985.
VÁRIOS AUTORES. *Zodiac. Datura Verlagsanstalt*. Berlim: Edições Triesenberg, 1972.

O autor

Com o pseudônimo Max Klim, o jornalista Carlos Alberto Lemes de Andrade é o responsável, há mais de três décadas, pelo horóscopo do *Jornal do Brasil* e de diversos órgãos diários da imprensa brasileira.

Primeiro jornalista especializado em astrologia no país, além da coleção *Você e Seu Signo* em doze volumes, o autor escreve obra sobre a Era de Aquário, sob o título provisório de *Aquário: o enigma das eras*, um dos mais profundos estudos sobre as eras astrológicas e as mudanças que vive a espécie humana.

Jornalista, advogado, administrador de empresas e professor de história, Carlos Alberto nasceu em Campanha (MG) em 27 de março de 1943. Ingressou no jornalismo em 1960, em Ituiutaba, no Triângulo Mineiro, transferindo-se posteriormente para o Rio de Janeiro, onde foi, por 16 anos, funcionário do Sistema JB, ocupando funções de gerência na Agência JB.

Colunista de filatelia e responsável pelo horóscopo do Jornal do Brasil, além de seu colaborador eventual, foi tradutor da agência soviética Novosti, redator de verbetes dos livros do ano da *Enciclopédia Delta Larousse*, redator da *Revista Bolsa*, colaborador de diversos jornais, executivo Regional Sul da The United Press International e editor de jornais em Minas Gerais.

Historiador e autor das pesquisas históricas "Chibatas da liberdade", sobre a Inconfidência Mineira, e "Negro de guerra", sobre a Guerra do Paraguai, por tais estudos recebeu a medalha dos 200 anos da Inconfidência Mineira.

Atualmente, mantém páginas sobre astrologia em diversos *sites* da Internet, além de sua própria *home page* no endereço www.maxklim.com.

Este livro foi composto na tipologia Tiffany
Light, em corpo 10,5/14, e impresso em papel
Offset 90g/m² no Sistema Cameron da
Divisão Gráfica da Distribuidora Record.

Seja um Leitor Preferencial Record
e receba informações sobre nossos lançamentos.
Escreva para
RP Record
Caixa Postal 23.052
Rio de Janeiro, RJ – CEP 20922-970
dando seu nome e endereço
e tenha acesso a nossas ofertas especiais.

Válido somente no Brasil.

Ou visite a nossa *home page*:
http://www.record.com.br